# Histoire
# du Périgord

**Du même auteur**

« L'Armorial du Périgord, état actuel des recherches et perspectives », in *Actes du XXXIX$^{e}$ congrès d'études régionales de la Fédération historique du Sud-Ouest*, tenu à Sarlat les 26 et 27 avril 1987, pp. 355-359.

« Approche du renouvellement de la noblesse du Périgord » (époque moderne), in *Bulletin de la Société historique et archéologique du Périgord*, tome CXV, 1988, pp. 237-248.

« La noblesse appelée à voter en 1789 en Périgord » in *Actes du colloque Noblesse et Révolution*, tenu à Sireuil les 27 et 28 octobre 1989.

« Le Périgord à la Chambre de l'édit de Nantes à Nérac » in *Bulletin de la Société historique et archéologique du Périgord*, tome CXXV, 1998, pp. 189-194.

*L'Ancienne noblesse du Périgord subsistant en Dordogne*, Pilote 24, Périgueux, 2001, 330 p.

*Le Périgord des « nobles bourgeois » du XVIII$^{e}$ siècle*, Pilote 24, Périgueux, 2003, 354 p. (réédition des « Nobles citoyens de Périgueux au XVIII$^{e}$ siècle », thèse de doctorat d'histoire en Sorbonne).

« Les chevaliers de l'Ordre de Malte originaires du Périgord dans les archives de la Bibliothèque nationale de Malte à La Valette », in *Mémoire de la Dordogne, revue des sevices du patrimoine départemental de la Dordogne*, n° 18, Périgueux, septembre 2006.

*Maintenues et Armorial de la noblesse du Périgord sous Louis XIV et la Régence*, préface de Michel Figeac, Mémoire et Documents, Versailles, 2006, 174 p.

**Collection « Référence »,**
**Série « Histoire » dirigée par Anne-Marie Cocula**

 Ce livre a été imprimé par Pollina à Luçon (85) – France.
Photogravure de Labogravure à Bordeaux (33) – France.
ISBN : 978-2-87901-764-8 – Éditeur : 22966.01.02.10.07 – N° d'impression : L44918

Gontran du Mas des Bourboux

Avant-propos d'Anne-Marie Cocula

# Histoire du Périgord

ÉDITIONS SUD OUEST

# Avant-propos
## par Anne-Marie Cocula

Les Périgourdins ont bien de la chance. Et les historiens du Périgord aussi, puisque rien n'est plus fécond que ce territoire dans la très très longue durée, celle qui débute à l'aube de la préhistoire et nous conduit au temps présent. Dès lors, ne nous étonnons pas de la quantité d'histoires du Périgord écrites et publiées, hier et aujourd'hui. Ne le regrettons pas et soyons au contraire pleinement satisfaits : toutes ont leur place car toutes sont différentes, reflétant ainsi l'attirance historienne de leurs auteurs pour telle ou telle période, tel ou tel enchaînement d'événements, telles ou telles marques significatives d'une identité périgourdine au regard des régions voisines : Limousin, Quercy, Agenais, Bordelais et Saintonge…

L'autre chance des historiens du Périgord est d'explorer un territoire de recherches aux dimensions à la fois raisonnables et à peu près constantes. Pour eux, atout supplémentaire, point de divorce géographique entre la province d'Ancien Régime, dotée d'une assemblée d'États, et le département de la Dordogne, né des premiers temps de la Révolution. Point de rupture entre les difficultés économiques du passé et celles d'un présent encore récent car l'emprise rurale est formidable sur ce terroir qui peut donner à travers siècles une impression d'immobilité. Mais ne nous contentons pas de pareille impression.

L'apport de l'ouvrage de Gontran du Mas des Bourboux est justement de mettre en valeur les étapes d'un glissement qui jalonnent, à travers les âges, l'évolution du Périgord. Comme tous ses prédécesseurs, l'auteur opère des arrêts de prédilection en relation avec ses travaux qui ont porté sur la société d'Ancien Régime, notamment sur les bourgeois de Périgueux, ces « Messieurs » si fiers de leurs privilèges. Mais l'historien ne se satisfait pas seulement d'un territoire. Il lui faut un observatoire approprié à ses centres d'intérêt, suscités le plus souvent par ses recherches initiales. Celles de Gontran du Mas des Bourboux ont été déterminantes dans les appréciations qu'il porte sur les groupes sociaux du Périgord et sur leurs rôles respectifs au fur et à mesure du déroulement de l'Histoire. Il a raison de donner aux hommes d'Église une place essentielle dans la formation et la conservation du tissu des paroisses périgourdines, fondement des villages et des villes d'aujourd'hui. Il en est de même pour les noblesses dont l'auteur a bien cerné, au-delà de l'emprise châtelaine, la diversité des origines, des conditions et des comportements face aux crises et aux grands événements.

À coup sûr il s'agissait là d'une vulnérabilité à laquelle ont échappé, en grande partie, les bourgeoisies urbaines, surtout lorsque le siècle des Lumières les porte au-devant de la scène. Ceci même en Périgord où, pourtant, la part des villes reste tellement modeste au regard de celle du monde rural. Comment pourrait-il en être autrement au pays de Jacquou le Croquant ? Mais, là encore, la diversité est de règle au sein des catégories paysannes en fonction de la possession ou non de la terre, de l'étendue des propriétés et des clauses des contrats de fermage et de métayage. Sans ces contrastes de plus en plus grands entre riches et pauvres, on ne comprendrait pas qu'à l'issue de la Révolution se consolide en Périgord le groupe des notables qui « règnent » sur le pays.

Parmi eux se trouvent des nobles de lointaine origine, des représentants de la bourgeoisie conquérante de l'Ancien Régime, des cultivateurs aisés acquéreurs de biens nationaux, enfin, des officiers qui ont fait carrière dans les armées de la Révolution et de l'Empire. Étonnant creuset que celui des notables périgourdins, maîtres du sol et de l'industrie, soucieux de profiter des chances que leur apportent les transformations économiques de la France et de l'Europe, même s'ils y mettent du temps… Leurs alliances anciennes et nouvelles, leur attrait pour l'instruction et la culture, leur audace tempérée permettent au département de la Dordogne d'entrer dans l'histoire contemporaine juste avant de vivre la pire tragédie que les Périgourdins aient connue, la Grande Guerre de 1914-1918, effroyablement cruelle pour la jeunesse issue du monde rural.

Après elle, rien ne sera plus pareil, comme le montrent justement les dernières pages de l'ouvrage de Gontran du Mas des Bourboux consacrées aux XX$^{e}$ et aux XXI$^{e}$ siècles.

Anne-Marie Cocula

1re partie

# Les origines

Les quatre Périgord.

Carte Patrick Mérienne

# 01 Le Périgord : recherches d'une identité

S'il fallait trouver une identité à un territoire, alors celle du Périgord pourrait s'articuler autour du chiffre quatre. Quatre tribus, quatre rassemblements d'hommes, telle semble être l'étymologie du nom Pétrucores, donné à cette région par l'historien romain d'origine aquitaine, Sulpice Sévère.

La Constitution de l'an VIII (1799) créa quatre arrondissements (si l'on excepte celui de Ribérac, supprimé en 1926 !) sur ce territoire rebaptisé Dordogne, avant que le tourisme n'invente dans les années 1980 « les quatre couleurs du Périgord », ajoutant au Périgord vert, blanc et noir, le Périgord pourpre (celui de la vigne).

Le Périgord paraît ainsi recouvrir une réalité au moins historique, celle d'un territoire au nom ancien, qui dès le IIe siècle avant notre ère montre une certaine unité. En témoigne la circulation en son sein de monnaies spécifiques, ou l'utilisation de toponymes en *-randa* (la limite). Est-ce assez pour qualifier le Périgord ?

Une telle question renvoie à la notion d'identité, dont l'étymologie est ambiguë puisqu'elle évoque à la fois ce qui est *similaire* et *singulier* ! Il serait en effet difficile de trouver une *identité* à cet espace du Sud-Ouest qui compose aujourd'hui le troisième département de France par sa superficie. Localement, le Périgord se compose de « pays », de reliefs, de paysages bien marqués.

C'est en vivant ensemble et en agissant sur un territoire que se forge, dit-on, l'identité[1]. En ce sens, l'organisation générale du relief, de ses éléments, jusqu'à l'orientation du réseau hydrographique, peut localement favoriser cette aptitude d'une population à « vivre » et « agir ensemble ».

Sur ce plan, ce qui caractérise le territoire du Périgord est d'appartenir au contrefort sud-ouest du Massif central. Il reste à montrer en quoi l'orientation générale des vallées du Périgord convergeant vers la Garonne (en trois lignes parallèles), ou l'opposition de ces pays par rapport à leurs voisins du Limousin, du Quercy, de l'Agenais, du Bordelais ou des Charentes, ont pu pousser les Périgourdins, depuis des siècles, à se sentir plus de points communs que de dissemblances.

Pour une période plus récente, la carte des « parlers occitans » et l'histoire de l'architecture rurale ne permettent pas de conclure à l'existence d'une culture propre à ce petit territoire. Le Périgord est au carrefour de routes et d'influences. Peut-être faut-il trouver là sa véritable identité.

La simple observation d'une carte du département montre que les plus hautes altitudes se trouvent au nord-ouest, c'est-à-dire en limite du Limousin et du Massif central : 480 mètres d'altitude en forêt de Vieillecour, 200 mètres au sud-est à Villefranche-du-Périgord, mais seulement 8 mètres à Saint-Seurin-de-Prats, en plein sud-ouest. Ceci résume bien l'orientation de la région dans un axe nord-est, sud-ouest.

## Promenade géologique

Pour reprendre une expression classique, le Périgord est une région de transition entre le Massif central et l'Aquitaine[2].

L'inclinaison générale du relief explique que les témoignages des ères géologiques s'y succèdent de façon régulière, en strates de

1. Brunet (Roger), Ferras (Robert), Théry (Hervé), *Les Mots de la géographie*, Reclus-La Documentation française, p. 267.
2. Ranoux, Patrick, *Atlas de la Dordogne-Périgord*, Ranoux, Patrick, Eysines, 1996.

Le causse périgourdin, assis sur les plateaux calcaires.
Photo Guy-Marie Renié.

même orientation nord-est, sud-ouest, que l'on traverse en suivant l'Isle depuis sa haute vallée jusqu'au nord de Libourne.

- Ainsi au nord-est, de Bussière-Badil à Villac, dominent les roches et terrains de l'ère primaire, à l'histoire longue et mouvementée. Roches sédimentaires, granitiques ou volcaniques, elles ont été par la suite métamorphisées, puis par endroits se sont désagrégées. Au Carbonifère, la formation de la chaîne hercynienne, dont le Massif central reste un témoin, a fait surgir les môles de Piégut et de la forêt de Vieillecour précitée. Au nord de Villac, les grès et argiles rouges colorent les villages de pierres et les paysages. Çà et là subsistent des vestiges d'exploitation de gisements houillers. À vrai dire, une grande partie de ces terrains primaires, de nature, d'humidité et d'économie agraire différentes, n'appartenait pas au Périgord, ni au vieux territoire des Pétrucores. Nous sommes ici en Bas-Limousin, une zone frontière incluse en 1790-93 dans le département de la Dordogne.
- Trias, jurassique et crétacé : tel un vieux manuel de géographie, le relief, en descendant l'Isle, montre les traces régulières des dépôts sédimentaires de l'ère secondaire, durant laquelle la mer recouvrait la plus grande partie des terres. C'est surtout le domaine des calcaires plus ou moins tendres, parfois déformés au tertiaire, qui çà et là forment des causses secs, rocailleux, évoquant le Midi, comme à Argentine au nord-ouest.
- Sur ce substrat de roches primaires et de calcaires du secondaire, l'ère tertiaire, celle qui vit surgir les Alpes et les Pyrénées, a déposé des graviers, des sables, des argiles, au sud-ouest de Périgueux, c'est-à-dire dans les zones de plus faible altitude. Des sédiments arrachés aux Pyrénées se sont même déposés dans le Bergeracois, formant des molasses.
- L'érosion, au quaternaire, n'a fait que dégager le réseau hydrographique, en disséquant les plateaux sous l'action de l'eau, du vent ou du gel.

La vallée de l'Auvézère.
Photo Guy-Marie Renié.

Enfin, de la combinaison du relief, de la nature des sols, du climat, de la vie végétale et animale et de la présence de l'homme, sont nés les paysages du Périgord, qui ont évolué au cours des siècles.

## Les visages du Périgord

Globalement, sur les 9 183 km² du Périgord – environ 100 km du nord au sud et d'est en ouest –, sept types de paysages composites occupent l'espace[3] :

- **Les terrains primaires** portent des plateaux entaillés en gorges pittoresques par les vallées de l'Auvézère ou de l'Isle, ou déblayés en partie par l'érosion. À défaut d'unité visuelle dans ces paysages vigoureux, cette unité apparaît dans un climat plus frais et humide qu'ailleurs (près de 1 mètre de précipitations). Nous sommes bien là sur les marches limousines, comme le montrent les types de végétaux liés à l'acidité du sol (chênes, hêtres, ajoncs et bruyères), et les prairies de bocage, témoignage d'une longue activité où dominait l'élevage. Cette région porte bien son nom de Périgord vert adopté notamment par Jules Verne !
- **La bordure des petites dépressions**. En contrebas de ces hautes terres primaires, l'érosion a déblayé dans des roches tendres une succession de petits bassins que prolonge au nord-est celui de Brive. L'altitude plus faible, la situation d'abri, les bonnes terres, la convergence des ruissellements, favorisent par contraste les cultures, par exemple celles des tournesols ou des noyers. Nous sommes là dans les petits « pays » de Saint-Jean-de-Côle, de Corgnac, d'Excideuil, de Cubas.
- **Les petits causses périgourdins**. À la limite des terrains primaires et de ce chapelet de dépressions, les petits causses périgourdins forment un troisième ensemble de paysages, parfois si sauvages, si désolés, que l'on se croirait en Quercy, dans le Rouergue, voire dans les Alpilles. Ils sont formés d'épais plateaux de calcaire

3. Pour reprendre la typologie de Michel Genty, in *Dordogne Périgord*, Éditions Bonnefon, Paris, 1993, page 309 et suivantes et *Histoire du Périgord*, Fanlac, Périgueux, 2000, page 11 et suivantes.

Les environs de Nontron, en Périgord vert.
Photo Alain Bordes.

jurassique, secs et caillouteux, peu recouverts d'une végétation xérophile. C'est le domaine des genévriers et des chênes pubescents. L'infiltration des eaux a créé ici tout un parcours mystérieux au cours duquel l'eau réapparaît limpide dans les résurgences après avoir traversé des roches très karstifiées, telles aux sources du Coly. Les rivières ont découpé ces causses en petites unités, façonnant des vallées, propices aux échanges.

- En suivant toujours notre orientation nord-est, sud-ouest c'est-à-dire l'actuel tracé de l'autoroute Lyon-Bordeaux, le quatrième groupe de paysages est constitué de **trois ensembles**, qu'unit l'origine crétacée de leur sous-sol :
  - Le Ribéracois, dont les plateaux crayeux dégageant de vastes horizons évoquent déjà l'Angoumois voisin.
  - Le Périgord central, aux plateaux plus élevés que ceux du Ribéracois (250 mètres) très disséqués par de multiples vallées, accueillait jadis de grands cours d'eau, devenus aujourd'hui de minces ruisseaux, tel le Vern. Ces plateaux, souvent recouverts au tertiaire d'argiles et de graviers et portant un tapis forestier,

furent défrichés par endroits dans les années 1970, au temps des belles décennies de la culture de la fraise.

» Le Périgord noir, dont le surnom reste mystérieux sauf s'il évoque le sombre manteau des yeuses regroupées en massifs forestiers ! C'est une région très accidentée, dans laquelle l'érosion a sculpté dans le calcaire crétacé de belles collines, des vallées sèches, de petites plaines, et que traverse la célèbre vallée de la Vézère. Elle a comme limite sud la vallée de la Dordogne souvent bordée de grandes murailles calcaires. Sur sa rive sud, le Périgord montre alors le paysage plus reposant du pays de Belvès.

Les basses terres du Périgord, au sud-ouest, portent enfin deux unités bien visibles dans le paysage. Ce sont la Double et le Landais d'une part, et de l'autre le Bergeracois.

- Dans **la Double et le Landais**, les assises crétacées ont disparu sous les alluvions déposées au tertiaire. Dans ces pays de douces collines le drainage naturel est insuffisant. Aussi, les eaux longtemps marécageuses ont peu à peu été rassemblées en étangs. C'est un pays pauvre, celui du bois taillis, des maigres clairières, des faibles densités humaines, qui donne parfois un aperçu de ce que furent les Grandes Landes de Gascogne avant leur reconversion du XIXe siècle. La large et riche vallée de l'Isle partage cet ensemble en deux unités : au nord la Double, au sud, le Landais.
- Il reste à évoquer **le Bergeracois**, dont les paysages s'apparentent à ceux de l'Agenais ou du Bordelais tout proches. La présence d'un grand vignoble, complété par des vergers, y est pour quelque chose. Les grands ensembles du relief sont dominés d'une part par la riche et large vallée de la Dordogne, et de l'autre, plus au sud, par les douces collines taillées dans les calcaires et les molasses. Tout ceci, surtout pour qui viendrait tout droit de la Double et du Landais, donne une impression d'opulence.

Le voyageur, au cours des siècles, vit-il tout cela ? Tout dépendait du réseau de communication qu'il empruntait. Le plus ancien,

Le vignoble de Monbazillac, en Périgord pourpre.
Photo Alain Bordes.

semble-t-il, suivait en grande partie les rives des cours d'eau : il pouvait s'agir de la vallée de la Dronne « au rythme lent, aux eaux limpides », comme l'exprime si bien Michel Genty ; de la vallée de la Dordogne, bordée souvent de falaises majestueuses, ou de la vallée de l'Isle, aux terrasses faciles à cultiver.

Certes, sauf en Ribéracois, ce qui caractérise le mieux ce paysage, par comparaison avec d'autres grandes régions d'Europe, est sa grande variété et son caractère cloisonné, qui donne l'impression de changer d'horizon tous les 5 à 10 kilomètres ; une particularité dont il est facile d'imaginer les conséquences politiques et militaires dans les périodes de moindre influence d'un pouvoir central.



## La forêt en Périgord

Dernier élément : le Périgord ne peut se comprendre sans souligner l'omniprésence de la forêt. Depuis au moins 2000 ans, celle-ci livre un combat avec l'homme. Elle a varié en proportion entre 20 et 75 % du territoire. Forêt est d'ailleurs un mot qui a perdu son sens premier de futaie. C'est plutôt d'un couvert forestier émietté, formé de bois taillis hétérogènes dont il faudrait parler, composé de hêtres, de chênes de différentes espèces (pédonculé, pubescent, tauzin, rouvre, vert...), de châtaigniers, de charmes, de « vergnes », etc. En 1789, les cahiers de doléances, du temps de l'industrie des forges, se plaignaient de la déforestation. Au milieu du XIXe siècle, la forêt occupait 22 % de la surface totale du Périgord. Aujourd'hui, prenant la place de l'homme et profitant de la « déprise » générale, sa place est de 43 %. Mais elle atteint dans de nombreuses communes 60 % et plus.

Bien sûr, au moment d'évoquer ici l'histoire du Périgord, une belle étude sur la forêt nous fait encore défaut. Gardons-la cependant en mémoire car au cours des siècles sa présence fut pour les Périgordins (selon ce nom déjà utilisé par Montaigne) presque obsédante. Elle formait écran, était intégrée à l'économie seigneuriale ou villageoise, et servait de refuge aux « croquants ». Livrée aux défricheurs, ceux-ci ne réussissaient souvent que de fragiles et temporaires conquêtes.

La forêt Barade. La Dordogne est le troisième département le plus boisé de France.
Photo Alain Bordes.

# 02 Le Périgord n'est plus le berceau de l'humanité

La découverte de Lascaux, « cathédrale de la préhistoire », le 12 septembre 1940, faisant suite aux recherches menées en Périgord dans la région des Eyzies depuis la fin du XIXe siècle, fit croire pendant plusieurs décennies que le Périgord avait été le berceau de l'art et de la civilisation préhistoriques. Les recherches récentes ne font plus de cette région qu'un des lieux essentiels de l'occupation humaine durant cette période[4].

## *Homo erectus* (– 350 000 ans)

L'homme vient d'ailleurs. Tout semble aujourd'hui le démontrer. Pour l'instant, il plonge ses racines en Afrique où, presque chaque année, de nouvelles découvertes nous promènent entre le grand Rift et les anciens rivages du grand lac Tchad, quand il ne s'agit pas de l'Afrique australe. C'est avec l'*Homo erectus* que l'homme atteint l'Europe il y a plus d'un million d'années. Les traces de son passage apparaissent dans la région des Eyzies, il y a environ 350 000 ans.

Qu'a le Périgord d'exceptionnel ? Cet *Homo erectus* était-il aussi présent en plaine, près des cours d'eau, en des lieux moins disposés à conserver ses traces ? Comment répondre avec certitude à ces questions ? Ce qui est sûr, c'est que le relief karstique du Périgord offrait à ces premiers hommes des lieux naturels, grâce aux abris-sous-roche nés de l'alternance des températures, de l'action de

4. Mes remerciements vont à Brigitte et Gilles Delluc, qui ont bien voulu relire et compléter ce chapitre en août-2005.

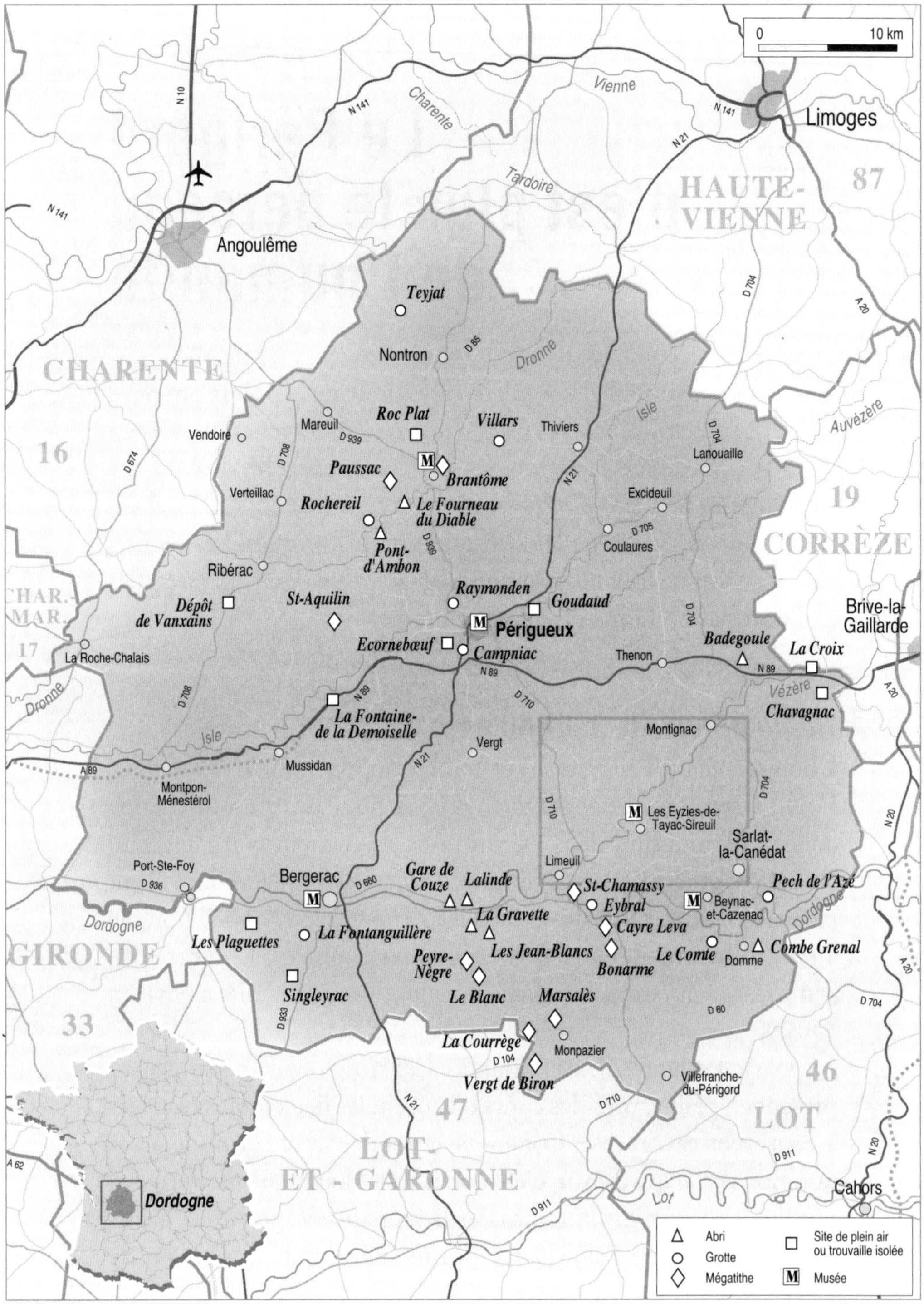


Carte des sites préhistoriques de la Dordogne.

Carte Patrick Mérienne.

l'eau, du gel et du dégel. Abris naturels, sensation de confort et de sécurité, richesse de la faune et de la flore, présence de silex bruts, tout cela a pu contribuer à l'installation durable de l'homme. Il suffit de comparer nos 2000 ans de « civilisation » à ces 350 000 ans d'occupation humaine de la région pour comprendre combien cette histoire ancienne reste à découvrir.

Ces premiers « Périgourdins », que l'on rencontre par exemple dans les gisements de la Micoque aux Eyzies, nous ont laissé leurs outils en silex, le fameux biface, débité à partir d'un gros galet, outil énergique du chasseur et du broyeur d'os.

## L'homme de Néandertal (– 100 000 à – 35 000 ans)

Des milliers d'années passent, ainsi que plusieurs glaciations, avant qu'apparaisse en Europe et notamment en Périgord celui qui n'est jusqu'à présent qu'un cousin, aussi doué que nous ou presque (puisqu'il disparut), l'homme de Néandertal. Identifié pour la première fois dans le vallon de Néander, près de Düsseldorf, où un merveilleux musée lui est désormais consacré, ce néandertalien avait un faciès différent des *Homo sapiens sapiens*, unique type humain dominant actuellement la planète. Front fuyant, bourrelets sus-orbitaires, denture plus volumineuse, cet hominidé fut cependant le premier à montrer sa conscience de la mort, grâce à la pratique d'inhumations (site du Régourdou, près de Montignac). Son outillage se spécialise, comme le montre le gisement du Moustier, à 10 kilomètres des Eyzies. Sa présence s'étend de – 100 000 ans jusqu'au milieu de la dernière glaciation, il y a 35 000 ans, date de l'arrivée dans nos régions de l'homme actuel, surnommé en Périgord Cro-Magnon.

La maîtrise du feu, attestée dans les sites occupés en Europe depuis 400 000 ans, fut sans doute un élément déterminant pour permettre aux hommes de traverser la période des dernières glaciations.

Des outils de l'homme de Néandertal trouvés à la Micoque, aux Eyzies : un biface, une pointe, des éclats, un racloir, un nucléus Levallois.
Musée d'Aquitaine, photo Alain Roussot.

## L'homme de Cro-Magnon (depuis – 35 000 ans)

C'est en 1868, lors des travaux effectués près de la ligne de chemin de fer, que furent découverts à l'abri Cro-Magnon, aux Eyzies, les squelettes des premiers *Homo sapiens sapiens* du Périgord[5].

Venus d'Afrique, où ils apparaissent il y a plus de 150 000 ans, dans la région de l'Afar en Ethiopie[6], ils atteignent brusquement l'Europe au cours de la dernière glaciation il y a environ 35 000 à 40 000 ans.

Sur place, en Périgord tout du moins, la disparition des hommes de Néandertal a dû se faire progressivement. Ils subsistaient encore à la Ferrassie (Savignac-de-Miremont). Le dernier squelette d'homme de Néandertal, datant de – 32 000 ans, fut trouvé à Saint-

5. Le « pape de la préhistoire », pour reprendre son surnom bien connu, est l'abbé Breuil, futur membre de l'Institut, lequel fut assisté pour ses divisions chronologiques du Paléolithique supérieur par D. Peyrony, instituteur des Eyzies. Un timbre-poste a été consacré en 1977 à l'abbé Breuil, dessiné et gravé par René Quillivic.
6. Publication du paléoanthropologue Tim White et de son équipe de l'université de Berkeley dans la revue *Nature* en juin 2003.

L'abri Pataud aux Eyzies, où fut découvert un bouquetin sculpté, témoin de l'art de l'homme de Cro-Magnon (ci-dessous).
Photo Abri Pataud.

Césaire, en Charente, dans un niveau châtelperronien ; son outillage était jusqu'alors attribué aux premiers Cro-Magnons. Mais la transition entre ces deux espèces différentes d'hommes est loin d'être éclaircie. En particulier, deux problèmes demeurent en suspens : la contemporanéité de ces deux types d'hommes et les raisons de l'extinction des néandertaliens.

Faut-il exclure totalement l'homme de Néandertal de nos ancêtres ? On a pu le dire dans la mesure où l'homme de Combe-Capelle (près de Montferrand-en-Périgord) est un *sapiens sapiens* ayant des traits archaïques. Les recherches actuelles sur l'ADN des néandertaliens permettront d'éclairer ce point important.

Lascaux : la salle des Taureaux.
Photo Ray Delveert.

En tout cas, résumer l'histoire des *Homo sapiens sapiens* de – 45 000 ans à – 6 000 ans, serait résumer la longue suite de civilisations qui se succédèrent au cours du Paléolithique supérieur. L'abri Pataud aux Eyzies, aujourd'hui merveilleusement transformé en musée, a livré depuis 1958 des éléments sur les premières civilisations des *Homo sapiens sapiens* en Périgord. C'est là que Brigitte et Gilles Delluc ont découvert un bouquetin sculpté dans la roche. Car l'art s'épanouit avec l'homme de Cro-Magnon !

Schématiquement, cette période peut être divisée en quatre :

**1.** La période qui commence vers – 33 000 et s'étend vers – 28 000 est caractérisée par la première grande culture des Cro-Magnons. C'est le temps de l'**Aurignacien**, avec son outillage sur lames de silex et sur os, bien connu grâce aux nombreux campements retrouvés autour des Eyzies, en particulier à la Ferrassie. C'est le temps aussi de l'apparition de la parure et surtout de l'art sur les parois des abris aujourd'hui effondrés (abri Blanchard) et des plus anciens rochers gravés ou sculptés (la Ferrassie).

**2.** La période suivante, qui s'étend jusque vers – 20 000, est celle du **Gravettien**. Elle est bien illustrée par le gisement de la Gravette, qui lui a donné son nom, et par l'abri Pataud. L'homme affine son outillage en pierre et en os, sculpte de petites « Vénus », dessine sur les parois des mains « négatives », enterre ses morts avec de beaux objets tels que des parures. L'homme grave aussi sur les parois des grottes (Cussac), sculpte des femmes sur des rochers (Laussel), et un splendide saumon sur la paroi de l'abri du Poisson aux Eyzies, témoignage de sa pratique de la pêche.

**3.** La période qui suit est celle du **Solutréen**, pauvre en gravures pariétales, hormis le bouquetin gravé de l'abri Pataud et le bison de la Grèze, mais célèbre pour sa maîtrise de la taille du silex dont témoignent les fouilles du site de Badegoule.

**4.** Cette période se prolonge par la profusion artistique du **Magdalénien** (de – 17 000 à – 10 000 environ), auquel appartient le site aujourd'hui mondialement connu de Lascaux.

Les représentations artistiques occupent de plus en plus de place au fur et à mesure que l'on avance dans le Paléolithique supérieur. Par art, entendons ici représentations d'animaux, voire plus rarement d'êtres humains et de signes symboliques, dont la signification nous échappe.

Comme le souligne le professeur Leroi-Gourhan, les moyens techniques mis en œuvre à Lascaux – échafaudages, éclairage, préparation des colorants –, ainsi que la cohérence des ensembles figurés, incitent à penser à un investissement important et coordonné[7]. Qu'en conclure ? Certes, à nos yeux, cet « art » préhistorique révèle le niveau culturel élevé de ces civilisations, de par le graphisme, le symbolisme des représentations, l'évocation des attitudes animales, mais aucun de ces mots n'indique leur finalité. Peintures liées aux pratiques chamaniques d'une société de chasseurs (bientôt éleveurs), symbolisme sexuel[8] ? Sans doute le tout lié. C'est ce que pourraient confirmer les gravures d'animaux et de femmes découvertes par Marc Delluc dans la grotte de Cussac, au Buisson, en septembre 2000. Une grotte qui n'a pas encore livré tous ses secrets. En tout cas, dans cet art, il s'agit de représentations mentales volontairement cachées dans les entrailles de la terre, témoignage de la pensée de ces populations préhistoriques.

Tout cela est bien maigre pour évoquer une histoire étalée sur des milliers d'années, durant une époque au climat rigoureux, entrecoupée de rares périodes vraiment tempérées[9]. Le gibier était alors abondant : rennes, cervidés, bisons et chevaux, sans compter les mammouths, les rhinocéros et les produits de la pêche. Les hommes étaient chasseurs et cueilleurs et de toute façon la rigueur du climat ne leur aurait pas permis de pratiquer une agriculture, comme le firent leurs descendants.

La carte de Dordogne des sites paléolithiques met en évidence, comme le montre bien Patrick Ranoux, « l'attraction exercée par

7. Citation extraite de : *Dordogne Périgord*, ouvrage collectif, Éditions Bonneton, Paris, 1993, p.19.
8. Leroi-Gourhan, A., *Les Religions de la préhistoire*, PUF, Paris, 1964.
9. Voir Delluc, Brigitte et Gilles, *La Vie des hommes de la préhistoire*, Éditions Ouest-France, 2003.

les vallées et au premier chef la Vézère et ses affluents[10] ». Malgré les découvertes récentes en France, notamment à Chauvet, en Ardèche, et à Cosquer, près de Marseille, nous avons bien là, dans ces rochers du crétacé du sud-est de la Dordogne, par le nombre des sites et leur richesse, l'un des creusets de l'histoire humaine.



10. Ranoux, Patrick, *Atlas de la Dordogne-Périgord*. Ranoux Édition, Eysines, 1996.

La Roque-Saint-Christophe,
un des plus impressionnants villages troglodytiques du Périgord.
Photo Alain Roussot.

# 03 L'émergence de la protohistoire périgourdine

Les manuels d'histoire des années 1960 prolongeaient le chapitre consacré à la préhistoire par une présentation du néolithique, époque brillante qui vit la mise en place de l'agriculture en France et de l'usage progressif des métaux, le bronze d'abord, le fer ensuite.

Depuis lors, tant dans les programmes scolaires qu'en Périgord, cette période essentielle a été négligée[11]. L'historien Christian Chevillot[12] contribue activement aujourd'hui à faire mieux connaître cette période charnière, par ses recherches et son parc de la Protohistoire de Beynac.

## Les premiers agriculteurs

La sédentarisation des populations ne date pas du néolithique. L'occupation des grottes de la Dordogne, dont nous venons de parler, le montre bien. Car, à partir d'un lieu d'habitation fixe ou presque, les chasseurs de la préhistoire pouvaient, eux, partir pendant plusieurs jours à la poursuite du gibier, puis revenir ! Il n'empêche. Le changement climatique apparu au X^e^ millénaire avant notre ère entraîna pour les hommes une modification profonde de leurs conditions d'existence.

Le temps s'est radouci, la forêt de chênes, de hêtres, de bouleaux s'est développée, accueillant les animaux des régions tempérées

11. N'a-t-on pas laissé s'établir un lotissement sur l'oppidum celte de la Curade, qui est à l'origine de Périgueux !
12. Parmi toutes les publications de cet auteur, citons : *Sites et cultures de l'Âge du Bronze en Périgord*, Périgueux, Éditions Vesunna, 1989, 2 tomes.

(cerfs, chevreuils, sangliers). La grande opportunité du moment pour les hommes est l'apparition dans leur espace de plantes à graines. Aussi l'agriculture fait-elle lentement son apparition. Lentement car, en Périgord, pendant le mésolithique, du Xe au Ve millénaire, les civilisations qui se succèdent sont assez proches de celles des derniers chasseurs du magdalénien.

- Les **Aziliens**, surnommés ainsi du nom de la grotte du Mas-d'Azil en Ariège, sont présents en Périgord entre – 9 000 et – 8 000 avant notre ère. Chasseurs et consommateurs de la nouvelle faune forestière, ils sont présents dans les sites de la Dronne ou de la Vézère au moins, sans être pour autant de grands artistes, malgré leurs galets peints ou gravés.
- Les **Sauveterriens**, désignés ainsi en raison du site de Sauveterre en Lot-et-Garonne, sont encore plus mal connus. Ils apparaissent cependant à Rouffignac avec l'utilisation de couteaux faucilles, dont le lustrage indique qu'ils servirent à couper des céréales. Céréales sauvages ou cultivées ? Rien n'est sûr !

Des indices de l'élevage du mouton et du bœuf apparaissent encore à Rouffignac mais beaucoup plus tard, vers – 4 450, date que l'on doit considérer comme la rupture essentielle d'avec l'ancienne économie reposant sur la prédominance des chasseurs-cueilleurs.

La « nouvelle économie » reposant sur l'agriculture et l'élevage, développée depuis des millénaires au Moyen-Orient, ne s'implante en Périgord que lentement au cours du IVe millénaire. Peu de temps auparavant, apparaissent à Thémines, dans le Lot, des graines de céréales datant de 4 000 ans avant notre ère.

Sans doute est-ce à cette période qu'il faut situer la grande civilisation mégalithique, qui s'étend, telle une mode, en lisière de l'Europe, du Portugal jusqu'au Danemark, et en pénétrant profondément certains espaces, tel le Massif central : menhirs, allées couvertes, dolmens, dont les noms eux-mêmes sont faux puisqu'ils appartiennent à des langues postérieures ! Les plus connus d'entre eux sont les dolmens : monuments funéraires protégés par un tumulus de terre ou de pierre. Celui de Peyrelevade à Paussac-et-Saint-Vivien est un bel exemple des 200 monuments environ qui subsistent en Périgord de cette période. Dans l'état actuel des découvertes, ils sont surtout concentrés au nord, au centre, et dans le sud et sud-est du Périgord, alors que les régions de la Double et celle de Thenon sont presque délaissées. Quelle est la signification-de ces monuments mégalithiques ? Un chercheur a essayé de les mettre en relation avec les nombreuses légendes locales qui les concernent[13]. Le résultat est éloquent. Ils sont le plus souvent liés à la croyance en des forces souterraines, voire à des portes du monde souterrain, donc à des puissances chtoniennes, indice là encore d'une ancienne conception du monde. Sans doute faut-il leur associer les nombreuses grottes sépulcrales utilisées en cette période néolithique : telles Ebbral à Coux-et-Bigaroque ou Campniac à Coulounieix-Chamiers.

De cette époque doivent dater les premiers villages.

Les premières cabanes découvertes en Dordogne paraissent avoir été liées à celles, plus anciennes, découvertes en Charente à Matignon et à Peu-Richard. En 1995, à Douchapt, entre Tocane et Ribérac, furent découverts deux énormes bâtiments datant environ de – 2500 ou – 2000, au plan facilement décelable grâce aux trous de poteaux porteurs. Le plus souvent cependant, ces villages apparaissent sur des hauteurs, dominant un cours d'eau. Ces *oppida* souvent fortifiés par des remparts de terre, des palissades de bois, des fossés, se rencontrent aux Roches de Goudaud, à Saint-Méard-de-Dronne, et bien sûr sur les hauteurs d'Ecornebœuf dominant Périgueux.

Il ne faudrait pas oublier ici les villages troglodytiques impressionnants de la vallée de la Vézère et d'ailleurs. Celui de La Roque-Saint-Christophe à Peyzac-le-Moustier, dont les vestiges sont ouverts au public, évoque bien les avantages de ce type d'habitat : abri naturel, sécurité et solidarité, au sein d'un riche environnement.

13. Pauvert, Dominique. *Dolmens et menhirs de la Dordogne*, Documents d'archéologie et d'histoire périgourdines, Périgueux, Réjou, 1995 ; Bulletin de la Société de Mythologie Française : 203 (2e trimestre 2001), « La mère des pierres », p. 24 et thèse en cours : Mythes et symboles de l'Europe mégalithique, EHESS, Toulouse.

Cette longue période qui voit la mise en place d'une société agricole se traduit par l'utilisation en Périgord, depuis le VI^e^ millénaire, de récipients en terre cuite, ce qui permet aux archéologues de différencier les cultures grâce aux techniques employées et au décor et d'identifier des zones de diffusion des produits. Les outils utilisés sont de plus en plus variés. Les couteaux et armes de pierre lentement polis sont plus résistants. La première révolution, qui n'arrive vraiment en Périgord qu'au cours du II^e^ millénaire, est celle de l'utilisation du bronze, dont les objets, tels des petites haches ou des poignards, apparaissent sous forme de dons dans les grottes sépulcrales (Fontanguillère, à Rouffignac-de-Sigoulès). Encore plus que pour la céramique, les objets de bronze permettent de reconstituer les échanges à grande distance : haches venant d'Espagne, par exemple, ou des Alpes.

Vers – 800 apparaissent les objets en fer, un métal dont le Périgord est riche. Cette période est mal connue, mais la transition semble avoir été plus progressive qu'on ne l'enseignait jadis aux jeunes élèves. La mode de l'incinération se généralise, tandis que la céramique, comme à Jumilhac, montre parfois des décors recherchés.

## Les Celtes

La logique veut que l'on parle ici des Celtes, arrivés dans la région vers le milieu du V^e^ siècle avant J.-C. Ils sont agriculteurs tout comme leurs prédécesseurs, et leurs maisons, leurs villages fortifiés paraissent peu différents de ceux de leurs prédécesseurs. Non loin du vieil oppidum d'Ecornebœuf, ils établissent un des leurs, à La Curade, sur 32 hectares, protégé d'un rempart de près d'un kilomètre de long[14]. Avec eux ils apportent un monnayage d'or imitant au départ celui des Grecs mais plus stylisé. Huit types de monnaies gauloises furent frappés en Périgord avant la conquête romaine, écrit Jean-Jacques Escande[15]. L'une d'entre elles porte

14. Site fouillé par Christian Chevillot.
15. Escande, Jean-Jacques, *Histoire du Périgord*, Paris, 1957, p. 26.

l'inscription *Petrucor.* Ces Celtes sont aussi localement grands consommateurs de vin, comme le montrent leurs amphores vinaires issues de Campanie et du sud de l'Italie. C'est dire que, loin d'être isolés, ils empruntent depuis longtemps les grands circuits du commerce. Certains éléments, mieux connus, de leur religion, confirment la pérennité des vieilles croyances chtoniennes, tels les puits à offrandes.

L'histoire écrite nous indique aussi leur présence, puisque Jules César, dans sa *Guerre des Gaules*, précise que les *Petrocores* cherchèrent en – 52 à faire la jonction avec le fameux Vercingétorix, assiégé à Alésia[16].

Localement, leur implantation se lit abondamment dans la toponymie : de Beauronne (« la rivière des castors ») à Verneuil (« l'aulne ») en passant par Mareuil (« la grande clairière »). De cette époque aussi daterait l'utilisation de la terminaison des noms de lieux en *-randa*, signalée plus haut, évoquant la limite d'un territoire, et qui fournit un indice sur l'étendue de celui des Petrocores. En ce sens les marges nord-est et est de l'actuel département de la Dordogne n'en faisaient pas partie.

*

Tel est ce tour d'horizon sur les origines de l'histoire du Périgord, dû essentiellement aux découvertes archéologiques. Souhaitons que les recherches à venir, notamment sur la période des premiers agriculteurs et métallurgistes, nous permettent de mieux comprendre l'évolution de ces derniers millénaires fondamentaux, puisqu'ils virent la mise en place d'une civilisation essentiellement agraire qui perdura jusqu'au milieu du XX^e^ siècle.



16. Livre VII.

2e partie

# De la conquête romaine à la décadence carolingienne

La tour de Vésone, à Périgueux,
vestige de la *cella* d'un sanctuaire consacré
à la déesse tutélaire de la cité, Vesunna.
Photo Pascal Moulin.

# Un passé romain remis en honneur

04

Déjà maîtres d'un territoire allant de Nice à Toulouse, dès – 106, les Romains décident sous le proconsulat de Jules César d'étendre leur domination à l'ensemble des Gaules. Venant de Narbonnaise, le lieutenant de Jules César, Publius Crassus, soumet en – 56 les peuples de l'Aquitaine entre Pyrénées, Atlantique et Garonne. Notre petite région est-elle soumise dès cette époque ? Rien ne le prouve encore. Pour Léon Dessalles[1], le contrôle réel du Périgord n'est effectif que sous Auguste (mort en 14 après J.-C.).

## Vésone : une ville qui fut un temps métropole

Vers 16, écrit Claudine Girardy-Caillat[2], les Romains créent, au pied des vieux *oppida* d'Ecornebœuf et de La Curade, une ville nouvelle : Vésone, l'ancêtre de Périgueux ; une ville des temps de paix, puisque bâtie non dans un site défensif, mais dans le méandre de l'Isle au débouché du vallon de Campniac menant à Agen et plus loin aux Pyrénées. Seule grande agglomération de la région, dans l'état actuel des connaissances, elle s'étend sur 60 hectares environ et son amphithéâtre, prévu sans doute aussi pour des spectateurs issus des environs, peut contenir 20000 personnes.

Le site est important. Il est situé près d'un gué de la rivière, carrefour des axes de communication, comme l'était déjà l'ancienne cité celte des Pétrucores. Dans la plaine, encadrée par l'Isle,

1. C'est l'occasion de citer ici le travail pionnier de cet ancien archiviste de la Dordogne : Dessalles, Léon, *Histoire du Périgord*, Édition du Bugue, Mallemouche, 1982.
2. In *Histoire du Périgord*, ouvrage collectif, Fanlac, Périgueux, 2000, *op. cit.*

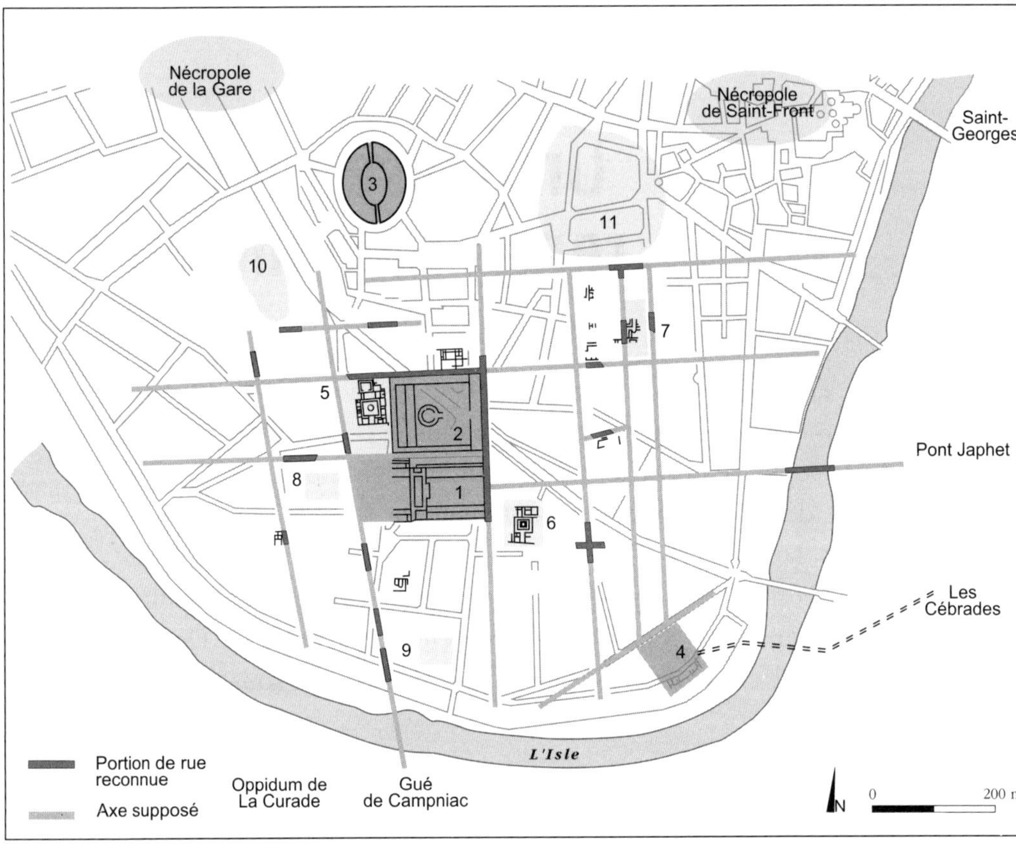


Plan de Vésone à la fin du IIe siècle.

D'après Claudine Girardy-Caillat.

1. Le forum
2. Le sanctuaire de la Tour de Vésone
3. L'amphithéâtre
4. Les thermes
5. La domus de Vésone
6. La domus de Campniac
7. La domus de la Visitation
8. La domus de la maison Pinel
9. La domus des HLM de Campniac
10. La carrière Jay de Beaufort
11. La carrière Francheville

les urbanistes romains dessinent un tracé géométrique classique. Deux axes, le *cardo* et le *decumanus*, se coupant à angle droit. Le *cardo* emprunte l'axe menant au vallon de Campniac. À l'intersection se trouve le forum, comprenant basilique (siège du pouvoir local) et centre de commerce. La ville s'enrichit au IIe siècle de sanctuaires et de riches demeures, tandis que des constructions suburbaines s'installent de l'autre côté de l'Isle, vers Saint-Georges ou Chamiers. C'est à cette époque que les thermes, peut-être présents dès le Ier siècle, sont restaurés. Le centre de la ville est occupé par un temple de construction tardive, dédié à la déesse tutélaire de la cité, Vésone. Il s'agit alors d'un immense temple rond sur lequel s'appuient des galeries. Les murs de sa *cella*, hauts de 24 mètres, sont toujours en place[3].

Le Périgueux du début du XXIe siècle commence avec bonheur à mettre en valeur les vestiges si rares de son passé romain. Le musée Vesunna vient d'être ouvert autour des vestiges d'une demeure urbaine, une *domus* de la première moitié du Ier siècle, de plan classique, dans laquelle une galerie à colonnades entoure un jardin, comprenant un bassin. Dans ce musée, dont l'architecture est due à Jean Nouvel, est évoquée, entre autres éléments, la vie dans la Vésone antique : la ville, les habitants, les grands monuments, la religion ainsi que les échanges.

En revanche, l'amphithéâtre, situé à quelques centaines de mètres, et dont l'arène abrite un jardin public, n'a pas encore été complètement fouillé. Une inscription nous apprend qu'il fut construit par un tribun militaire sans doute sous le règne de l'empereur Tibère (1437 ap. J.-C.) et achevé ensuite par sa famille.

Un autre vestige monumental bien conservé, la porte de Mars, est toujours en partie enterré dans un jardin, près de l'actuelle église de la Cité !

3. Son aspect ancien est évoqué dans l'aire autoroutière de l'archéodrome de Beaune.

## Le Périgord romain

Vésone, capitale de la région, qui perd cependant sous Dioclétien son titre de métropole au profit de Poitiers et de Saintes, est située à un carrefour de voies qui nous sont connues soit par des « itinéraires » antiques, tel celui de Peutinger, soit par une borne milliaire ou une inscription. Deux grands axes évitent Vésone, celui de Saintes à Cahors, passant par le fameux Lanquais, lieu de naissance, dit-on, de saint Front, et celui de Limoges à Bordeaux par La Tour Blanche. Ces axes subsistent toujours, même si certains tronçons sont délaissés, comme celui qui depuis Périgueux rejoint Thiviers par les plateaux et surtout l'axe de la rive droite de l'Isle, de Vesunna à Burdigala, passant par Neuvic (*novus vicus*).

Pour l'instant les vestiges romains subsistants ou découverts sur l'ancien territoire périgourdin sont peu nombreux :

- Villetoureix, où la *cella* d'un temple comparable à celui de Vésone est utilisée comme « tour » du petit château de la Rigale,
- Gabillou, où Jean-Pierre Bost indique les traces d'un ancien amphithéâtre de terre battue[4],
- Petit-Bersac,
- Saint-Méard-de-Dronne.

Au total, près de deux cents indices d'établissements romains apparaissent dans l'espace rural, mais seule la villa de Lussas-et-Nontronneau a fait l'objet de fouilles récentes[5].

Une étude portant sur la région située à l'ouest de Périgueux a été publiée par le CNRS en 1978[6], dans le cadre de *Recherches sur l'occupation du sol en Périgord*. Reprenant et complétant l'étude pionnière de Paul Barrière[7], elle recense sur ce territoire toutes les présomptions d'une présence romaine, révélées par des découvertes de vestiges ou par la toponymie. Pour l'auteur de cet article,



4. 20 In *Histoire du Périgord*, ouvrage collectif sous la direction d'Arlette Higounet-Nadal, Privat, 1983, p. 42.
5. Fouilles effectuées par Louis Le Cam, de 1968 à 1983.
6. *Recherches sur l'histoire de l'occupation du sol du Périgord*, sous la direction de Charles Higounet, CNRS, Paris, 1978.
7. Barrière, Paul, *Vesunna Petrucoriorum, Histoire d'une petite ville à l'époque gallo-romaine*, Périgueux, 1930.

Vesunna, musée gallo-romain de Périgueux. Ne ratez pas sa visite !
Vous y découvrirez des aspects passionnants de la vie à Vésone au temps des Gallo-Romains.
Photo Denis Nidos.

Annie Tobie, l'occupation du sol à l'époque gallo-romaine dans les dix cantons concernés semble avoir été relativement importante. Elle confirme, après Paul Barrière, l'occupation légèrement majoritaire des sites de vallées. Dans l'espace rural, si la zone forestière de la Double paraît déserte, certains secteurs ruraux, tel le quadrilatère Périgueux-Tocane-Ribérac-Neuvic, sont fortement peuplés. Dans le temps, une évolution se fait jour. Commencée sur les sites de hauteur (à Montpon, à Tocane), l'occupation humaine s'est poursuivie en plaine avant que ne reprenne la mise en valeur agricole des plateaux calcaires.

Tout ceci fournit des pistes pour des recherches ultérieures.

## Les derniers siècles de l'Empire

Au IIIe siècle, la « paix romaine » semble bien remise en cause. Vésone est-elle victime des raids des « Barbares » ? Aucun indice archéologique ne le prouve. Ailleurs, en Dordogne, les trésors monétaires enterrés sont un indice de temps troublés. Quoi qu'il en soit, la capitale des Périgourdins, Vésone, se rétracte sur elle-même. De façon préméditée, plutôt que dans l'affolement, de nombreux bâtiments sont démontés au IIIe siècle, et leurs blocs soigneusement empilés afin de constituer une enceinte circulaire de 960 mètres, de 10 mètres de haut et de 6 mètres d'épaisseur, s'appuyant en partie sur l'amphithéâtre.

La ville, qui a consenti de grands sacrifices pour assurer sa sécurité, ne laisse que trois portes dont deux subsistent : la porte normande et la porte de Mars déjà évoquée. Le soin porté au décor de cette porte, sa volonté d'apparat, montrent là encore que la construction de l'enceinte fut réfléchie et faite pour durer. Certaines des tours semi-circulaires de cette enceinte sont encore visibles, au pied de la voie de chemin de fer, qui défigure le site, en prolongement du château Barrière. L'espace urbain n'est plus alors de 60 hectares mais de 5,5 seulement. Peut-il alors contenir toute la population ? La question reste ouverte. Cela suggère qu'une partie de la population s'est peu à peu installée à la campagne suivant en cela les gens fortunés.

C'est en effet à cette époque que les plus riches Romains, tout en restant citadins, établissent en rase campagne de luxueuses et grandes villas entourées de plusieurs centaines d'hectares. Il en subsiste quelques ruines en Périgord, à Allas-les-Mines, à Busserolles et surtout à Montcaret non loin de la célèbre tour de Montaigne. Une villa s'y étend alors sur près de 1 000 $m^2$, dotée de chauffage au sol, ornée de marbre transporté depuis les Pyrénées. Pour de nombreux Romains, face à l'atonie du grand commerce, c'est à l'intérieur de domaines ruraux et autour d'eux qu'il vaut mieux vivre dorénavant.

Mosaïque de Montcaret, vestige d'une prestigieuse villa gallo-romaine.
Photo Hélène Lagardère.

## La christianisation du Périgord, une période mal connue[8]

Le sujet ne fait plus recette, ni les sujets de thèses sur cette période, et c'est bien dommage. Les sources existent pourtant pour l'historien, même si elles sont d'un type particulier. La plupart sont religieuses et leur valeur inégale. Il existe toute une littérature hagiographique, aux confluences de nombreuses influences et emprunts, il existe des martyrologues, mais aussi les listes et actes des conciles des Gaules.

Quoi qu'il en soit, au sein de cet immense Empire romain, les idées comme les religions circulent depuis des siècles et le plus souvent d'est en ouest.

Sous l'angle religieux, la réalité à Périgueux comme ailleurs est d'abord gallo-romaine. Les anciens dieux celtes et locaux font bon

8. L'histoire de cette période devrait en fait être revue de façon minutieuse, en la resituant dans le contexte plus général de la christianisation d'un grand Sud-Ouest allant de Poitiers à Toulouse. Il faut analyser des éléments significatifs, tels les différentes églises qui se succédèrent à Périgueux. Une importance particulière doit ainsi être accordée à Saint-Pierre-l'Ancien, située dans la Cité et dont les premières pierres furent posées directement sur une mosaïque que Taillefer découvrit en parfait état. Elle n'était donc pas restée longtemps à ciel ouvert, ce qui montre sa grande ancienneté. D'autre part, c'est de Saint-Pierre-l'Ancien que partaient les évêques pour prendre possession de leur diocèse et là qu'ils revêtaient leurs vêtements sacerdotaux, avant d'être portés par les quatre barons. Citons encore l'église de Saint Pierre-es-Liens, qui était située autrefois en face de l'actuelle clinique Francheville et où reposait encore le corps de saint Front en 1020, avant sa translation. De même, comme expliquer la présence des sarcophages de saint Séverin et saint Séverinien, autrefois conservés sous l'un des piliers de la basilique Saint-Front, à Périgueux ? Enfin, la liste des évêques doit être revue. Où placer ainsi saint Léon, dont l'anneau épiscopal subsiste ? Son inscription « Léo Papa » révèle sa grande ancienneté. Pour toutes ces raisons, les lignes qui suivent ne peuvent constituer qu'un essai de synthèse bien provisoire (mes remerciements à Jean-Paul Bordier, pour les remarques qui précèdent).

ménage avec ceux de Rome. Mais les religions venues d'Orient sont également présentes à Vésone puis dans la cité fortifiée que l'on prend l'habitude d'appeler, comme sur la borne milliaire découverte au Toulon, *civitas Petrucores*, « la cité des Périgourdins ». Le culte de la déesse mère Cybèle et de son parèdre et amant Attis (culte originaire d'Asie mineure, installé officiellement à Rome en – 204) apparaît sur un autel taurobolique découvert en 1906 dans la muraille.

Dans l'état actuel des connaissances, la première mention de la religion chrétienne en Périgord est apparue dans les vestiges d'une villa gallo-romaine mise au jour à Lamonzie, près de Bergerac, où, sur un fragment de tombeau de marbre, était gravé le monogramme grec du Christ[9]. Pour J. Chapet[10], cette sculpture de Lamonzie serait antérieure à 276. En ce cas elle serait légèrement postérieure à la double épitaphe chrétienne et païenne de Domatia à Bordeaux datée de l'an 260[11]. Ainsi l'introduction du christianisme en Dordogne précède l'édit de tolérance établi par l'empereur Constantin en 313, qui consacre la liberté de culte pour toutes les religions.

Pour Grégoire de Tours, le premier missionnaire qui vint en Aquitaine est saint Martial, au IIIe siècle. Sans oublier ici saint Sernin, premier évêque de Toulouse au IIIe siècle.

Les pères du concile d'Arles, vers 350, sont les premiers à nous parler de Paternus, évêque de Périgueux, qui a été attiré par l'hérésie arienne[12] et qui est déposé en 360. L'historien romain déjà cité, Sulpice Sévère, nous parle aussi d'un Gavidius, non mentionné dans la *Gallia Christiana*.

9. *Calendrier administratif de la Dordogne*, 1835, p. 138 et Jouanet et Audierne, *Le Périgord illustré*, année 1851, p. 554.
10. Chapet, J., *Le Bergeracois des origines à 1340*, p. 118.
11. Étienne, R., *Histoire de Bordeaux, Bordeaux antique*, 1962.
12. Arianisme : « Cette doctrine est énoncée par Arius en 320 et selon laquelle Dieu est incréé et inengendré. Elle remet en cause la nature divine du Christ puisque celui-ci a été engendré par la volonté de Dieu et ne saurait donc être son égal. Le Christ, le Père et l'Esprit sont trois substances séparées, ce qui remet en cause l'unité de La Trinité. L'arianisme est condamné au concile de Nicée en 325, sans apaiser la querelle qui secoue l'Église. Un compromis qui admet une inégalité entre le Dieu et le Christ est admis aux conciles de Rimini et de Séleucie. Il sera adopté par les Goths. L'arianisme ne sera définitivement rejeté qu'en 381 (concile de Constantinople). Les Goths n'abandonnent l'arianisme que deux siècles plus tard. » (http://architecture.relig.free.fr).

Grégoire de Tours, auteur à la fin du VI^e siècle de la volumineuse *Histoire des Francs*, fait un grand éloge d'un Pegasius qui vécut au V^e siècle[13]. Le mieux connu de tous est Chronopius, que l'on voit siéger aux conciles d'Agde en 506 et d'Orléans en 511 et 523, et qui réorganise l'Église locale après les persécutions des Wisigoths, évoquées par le célèbre Sidoine Apollinaire, le dernier lettré romain de nos contrées[14].

L'épitaphe de cet évêque nous est donnée par Venance Fortunat[15], poète et évêque de Tours au VI^e siècle : « Tu donnais tes vêtements à ceux qui n'avaient pas de quoi se vêtir, tu remplissais les manteaux usés. Quiconque venait sous ton toit, manquant du nécessaire pour se garantir du froid, s'en retournait bien couvert… » Éloge dithyrambe, il correspond bien en tout cas au contenu des Évangiles, textes saints de cette nouvelle religion, témoignant au quotidien d'un nouvel humanisme.

Notons également qu'à cette époque, Périgueux avait une certaine importance d'un point de vue littéraire, puisque Sidoine s'informe des succès obtenus par les professeurs de Vésone !

Ainsi, aucun document ne prouve pour l'instant que Périgueux eût un évêque avant le IV^e siècle. Dans son exceptionnelle thèse sur *L'Aquitaine, des Wisigoths aux Arabes*[16], Michel Rouche écrit même : « Vers 250 apparurent dans les villes de Toulouse, Limoges et Clermont les premiers évêchés, puis à Bordeaux et Éauze en 314 ; avant 346, à Saintes, Angoulême, Périgueux et Agen. »

La toponymie à proximité de Vésone ainsi que la tradition font état de saint Front, « confesseur » (donc l'un des premiers évangélisateurs de la région), sur le tombeau duquel l'évêque Chronopius aurait bâti dès le VI^e siècle une église. Cela correspond bien aux premiers établissements chrétiens qui se trouvaient hors des murs des cités, avant de servir de point d'ancrage à de nouveaux bourgs. Sa *Vie*[17] est malheureusement très postérieure et peu utilisable.

13. *Histoire des Francs*, I, 2, c. XXV.
14. Epist., Lib. VII, Epist.6.
15. Venance Fortunat, carm. I, IV.
16. Éditions de l'EHESS, Paris, Touzot, 1979. p. 14.
17. *Vie de saint Front*, Bordeaux, 1612.

Au Xe siècle, le martyrologue de Raban-Maur en fait un « évêque et confesseur[18] » ; cependant Grégoire de Tours ne mentionne même pas son nom. La vie de saint Géry de Cambrai[19] mentionne vers l'an 614-626 le pèlerinage sur le tombeau de saint Front. Enfin, Raban-Maur, précité, qui put utiliser la riche bibliothèque de Tours, mentionne que saint Front naquit à Lanquais[20].

Cette nouvelle religion, dont on ne connaîtra jamais bien les origines en Aquitaine, car elle resta longtemps cachée en raison de son interdiction, s'installa quoi qu'il en soit progressivement dans la capitale du Périgord. L'archéologie nous fournit peut-être un indice complémentaire : « La construction du rempart [de la Cité], est-il précisé dans l'actuel musée de Vésone, à Périgueux, à partir de la fin du IIIe siècle, correspond certainement à une mutation de la vie religieuse. Les inscriptions trouvées dans les soubassements de la muraille démontrent l'abandon des temples et des dieux gaulois ou romains. L'Église chrétienne se développant, les cultes païens furent abandonnés. »

Au VIe siècle, l'évêque Chronopius est loué, dans son épitaphe précitée, pour avoir restauré les églises de Périgueux. Sans doute l'église Saint-Étienne de la Cité existait-elle déjà, mais, sur ce point, l'archéologie ne nous renseigne pas encore.

Nous sommes au début de l'époque mérovingienne. Officiellement (!), l'Empire romain s'est déjà effondré avec la déposition du jeune empereur Romulus Augustule en 476, exilé en Campanie par le roi des Hérules avec une rente de 6000 livres d'or !



18. L'*Annuaire du diocèse de Périgueux* reconnaît officiellement saint Front, mais sans lui attribuer de date précise.

19. Vita Gaugerici Episcopi Cameracensis, MGH (Monumenta Germaniae Historica), Hanovre, 1896, tome III, pp. 649-658 et Penaud, Guy, « Le voyage de saint Géry en Périgord (début du VIIe siècle) » in *BSHAP*, tome CXXXVI, 1999, p.167.

20. Sur le problème de saint Front, consulter l'ouvrage du père Pierre Pommarède, au titre très révélateur, *La saga de Saint-Front,* Pilote 24, Périgueux, 1997.

# 05 Des Wisigoths à la décadence carolingienne

Sur le plan politique, le Périgord, à la chute de l'Empire romain, passe d'abord sous le contrôle de ses anciens « fédérés », les Wisigoths, qui semblent bien s'être implantés en quelques endroits de l'Aquitaine, se partageant au moins une part des grands domaines, ainsi que l'indiquent les terminaisons en *-ens* de la toponymie (exemples : Maurens ou Festalens). Cependant, ici comme ailleurs, ils ont laissé bien peu de traces archéologiques ! Leur opposition au christianisme « romain », déjà évoquée avec Sidoine Apollinaire, ne doit pas en faire pour autant des « barbares ». Le commerce à grande distance n'est pas interrompu, même si le raffinement des arts du bâtiment continue à s'amoindrir. La victoire de Vouillé par Clovis aidé des Aquitains en 507 oblige cependant les Wisigoths à reculer au-delà des Pyrénées.

## Le Périgord aux mains des Mérovingiens

Si la conversion récente de Clovis au christianisme favorise l'Église, alors reprise en main à Périgueux, nous l'avons vu, par l'évêque Chronopius, l'absence de lois successorales particulières au sein des monarchies franques, autres que celle du simple héritage, fait passer le Périgord de mains en mains entre 511 et 720 environ.

Parmi tous ces rois francs, Gontran (futur saint), qui a dans ses domaines le Périgord à partir de 561, paraît avoir laissé un assez bon souvenir à en croire Grégoire de Tours. Signalons que ces rois francs aident l'Église à s'implanter, favorisant la construction des monuments religieux.

Ce sont là des temps difficiles à appréhender pour l'historien, malgré les grands textes subsistants qui apportent surtout un éclairage sur les faits politiques et religieux : *Histoire des Francs* de Grégoire de Tours, *Grandes chroniques* de saint Denis, capitulaires des rois de France, *Recueil des conciles*, ainsi que les travaux de l'historien Tillemont sur les six premiers siècles.

Les récits du temps sont riches en batailles et querelles incessantes, entrecoupées par la conquête fulgurante des Arabes. Arrêtés à Poitiers en 732, ceux-ci détruisent, sur le chemin du retour, le monastère de Calviac sur les rives de la Dordogne et passent au fil de l'épée les religieux qui s'y trouvent[21].

## L'organisation en paroisses

La christianisation tardive du Périgord, commencée à la fin de l'Empire romain, ne pénètre vraiment les campagnes, d'après la toponymie tout du moins, que pendant l'époque mérovingienne. Un indice nous est donné par les milliers de noms de lieux portant le nom d'un saint en Périgord (sans oublier le saint particulier auquel est dédiée telle église ou telle chapelle). Cela n'a rien d'anecdotique. En effet, la vénération des saints a beaucoup évolué au cours des premiers siècles de la christianisation, soit en fonction des nouveaux personnages remarquables, « canonisés », soit en fonction de la mode qui faisait préférer tel saint à tel autre.

Parmi les plus anciens lieux paraissent ceux dédiés à saint Étienne (le premier martyr) ou à saint Pierre ; puis viennent saint Martin, au VII^e siècle seulement, saint Front et saint Martial, plus tard encore les « Mérovingiens » et Hispaniques, comme l'écrit Arlette Higounet-Nadal[22], saint Avit, saint Cybard, saint Pardoux.

On imagine quel beau travail de cartographie donnerait une telle étude. Durant cette période, se met en place le découpage « chrétien » du territoire, centré autour de l'église paroissiale, calqué en grande partie sur l'ancien découpage romain. Ailleurs

21. Not Alex Historia ecclesiastica. Soeculum VIII, cap. VII, act. III.
22. In *Histoire du Périgord*, Privat, op. cit., p. 58.

se développe l'érémitisme, lointaine imitation de la vie des pères du désert et des premières années de l'action religieuse de saint Martin de Tours : avec saint Avit, saint Sour, saint Chamassy, sans doute saint Astier, dont les choix de vie radicaux et exemplaires frappent alors la population de ces époques difficiles.

Mais la paroisse est alors bien plus qu'un nouveau découpage. C'est une vie de communauté autour de l'église et de son pasteur[23]. C'est aussi, par le nombre de sarcophages de pierres qui l'entourent peu à peu, la croyance qu'être enterré au plus près du sanctuaire c'est assurer le salut de son âme.

La vie quotidienne durant cette époque en Périgord n'est pas connue. Peu de documents en conservent la trace, sauf à la fin du VI<sup>e</sup> siècle pour le domaine « sénatorial » de Trémolat, d'une étendue de 1 400 hectares, comprenant peut-être un centre d'habitation à Saint-Geniès, et une « église en l'honneur de la Mère de Dieu ». Visité par saint Géry de Cambrai, ce « petit bien de famille » qu'il nous décrit au VIe siècle laisse une étrange impression de vie rurale paisible[24].

## Les Carolingiens et les « Normands »

Au milieu du VIIIe siècle, le Périgord devient le théâtre de la lutte entre les « maires du Palais », nouveaux maîtres du royaume des Francs, et Waïfre, duc d'Aquitaine. La guerre, portée sur le territoire du Périgord, met en cause Périgueux, dont les murailles sont, dit-on, démantelées par Waïfre puis remontées par Pépin, tandis que le duc, caché dans la forêt de la Double (indice là encore du grand isolement de cette région), finit par être assassiné.

C'est Charlemagne qui met fin, au début de son règne, à la guerre d'Aquitaine. Malheureusement, nous ne savons rien de l'administration du Périgord au temps du grand empire carolingien qui s'étendait du Danemark à la Catalogne, de la Bretagne au sud de l'Italie. Le comte (étymologie : *comes,* « compagnon »)

23. Laborie, Yan, « La paroisse » in *Histoire du Périgord*, Éd. Fanlac, Périgueux, p. 115-119.
24. Voir aussi Fénelon, Paul, *Structure agraire d'un finage périgourdin*, Trémolat, Norois, t. 5, 1958, p. 21-40.

chargé de l'administration du Périgord paraît avoir été un certain Wuidbode[25].

Vers 842, le Périgord méridional, celui des riches plaines de la Dordogne, est à nouveau l'enjeu de guerres entre les héritiers du « grand empereur ». C'est aussi à cette époque que les « Normands », issus de Scandinavie, bien organisés et profitant de la faiblesse du pouvoir central, organisent des expéditions de pillage qui concernent le Périgord, semble-t-il, dès 841. Il s'agit de raids très courts et très ciblés, dirigés vers les lieux considérés comme riches, à savoir évêchés, églises, monastères. Les mentions de ces fléaux nous renseignent au moins sur la présence d'abbayes et de centres religieux importants (à Montpon, Sourzac, Saint-Astier, Brantôme, au Puy-Saint-Front et à Périgueux – attaqués quatre fois –, à Nontron dont le siège s'achève par un massacre des habitants, à Terrasson ; à Paunat et Calviac à nouveau).

Au total, les textes mentionnent onze expéditions normandes en Périgord entre 841 et 1018 (date à laquelle Guillaume de Poitiers les « écrase » avec l'appui d'un contingent périgourdin !).

## Monastères et abbayes

L'implantation de monastères et abbayes en Périgord est mal connue, mais semble avoir été favorisée par les Carolingiens. Ce mode de vie religieux très original, né en Orient, importé en Europe au IV^e^ siècle, réformé au VI^e^ par Benoît de Nursie, allait engendrer peu à peu des noyaux d'innovations intellectuelles et culturelles, puis de nouveaux centres urbains. À côté de ceux qui ont pour origine un saint ermite et dont il a été parlé plus haut (tels Aubeterre, Genouillac, Saint-Cyprien), le plus ancien est peut-être celui de Calviac, déjà cité, qui daterait de l'an 720, tandis que Charlemagne serait à l'origine de celui de Brantôme en 779 (!) et de l'ancienne église Saint-Charles, au Toulon, près de Périgueux. Le chroniqueur Nicétas nous parle aussi d'une abbaye de Saint-





25. L'astronome (vie de Louis le Débonnaire), *Rec. des hist de Fr.*, t.-6, p.-92.

Cybard, alias Saint-Martin, à Périgueux, au milieu du IXe siècle. Gardons-nous pour l'instant de rien affirmer !

## Une dynastie locale de « comtes du Périgord »

Au Xe siècle, le comte du Périgord, Vulgrin, est encore nommé par Charles le Chauve, dont il était parent, et le comté intégré dans le royaume d'Aquitaine, créé pour le jeune roi Louis. Mais après la désagrégation de ce royaume, le Périgord devient peu à peu indépendant et la charge de « comte » se transmet de façon héréditaire dans la descendance de Vulgrin. Une dynastie de comtes du Périgord se met alors en place, qui introduit une nouvelle période du Moyen Âge.

Cependant, cette nouvelle situation politique paraît avoir peu d'incidences sur la vie quotidienne de la population périgourdine !

3^e^ partie

# Du pouvoir du comte à celui du roi

# 06

# Le « beau Moyen Âge » (mi-XI^e mi-XIII^e)

## Pouvoir comtal, mottes et châtellenies

L'histoire de ce comté du Périgord peut être évoquée aux Xe et XIe siècles par l'histoire des membres de son lignage, ainsi que par les alliances qu'il noue, notamment avec la puissante famille de la Marche. Ce qui est plus difficile, c'est d'analyser localement le pouvoir du comte, ainsi que l'étendue de son domaine.

Nous sommes là, comme dans le reste du nouveau « royaume » d'Hugues Capet, dans une période de contraction du grand commerce et de rareté de la monnaie. C'est en biens, c'est-à-dire en terres, que les puissants remercient de leurs services leur entourage (à moins que ceux-ci, de leur propre chef, ne se rendent maîtres de quelques dizaines de hameaux !). Quoi qu'il en soit, à partir de l'an mil, le pouvoir du comte s'amenuise. Le nord et l'est relèvent désormais de la vicomté de Limoges, le nord-ouest de l'évêché d'Angoulême. La rive sud de la Dordogne dépend surtout du comte de Toulouse. En fait, le comte n'est vraiment chez lui qu'entre Dronne et Dordogne, et encore !

Concrètement, la fin du Xe et le XIe siècle voient apparaître un peu partout des « mottes », c'est-à-dire des fortifications circulaires entourées de fossés, renforcées par des ceintures de palissades, tandis que des sites de hauteurs, roches escarpées, endroits stratégiques, sont eux aussi fortifiés. On en compte une soixantaine dans l'espace occupé aujourd'hui par les arrondissements de Périgueux et Bergerac, soit deux par canton environ, mais elles devaient être plus nombreuses.

Les plus anciennes mottes paraissent bien l'œuvre des évêques. Ainsi l'évêque de Périgueux, Frotaire, fait-il élever entre 976 et 991 des forteresses sur ses domaines, dans les vallées de l'Isle, de l'Auvézère et de la Vézère. L'évêque de Limoges fait de même entre 1043 et 1076 à Bourzac, sur la rive gauche de la Lizonne. Plutôt que par peur des Normands, ce qui n'est pas totalement à exclure, il s'agit, semble-t-il, de mesures destinées à défendre ses biens. La localisation des autres forteresses, dans des sites de basse vallée, suggère peut-être une initiative comtale afin de quadriller son propre territoire[1]. Un indice de ces temps troublés nous est donné par le concile qui se tint à Charoux entre 989 et 1038, où les archevêques et évêques présents, dont celui de Périgueux, décident de jeter l'anathème sur « ceux qui s'en prendraient aux biens des cultivateurs et autres pauvres ».

Quels sont les chefs de ces forteresses ? Des cadets des comtes, comme à Puyguilhem en Bergeracois, des descendants des officiers subalternes des comtes (les *vicarici*) tels à Ribérac (?) ou à Périgueux les Vigier, ou encore les Prévôt à Bergerac, qui conservent le nom de leur « charge ».

Il nous manque encore pour le Périgord l'équivalent de l'étude pionnière de Tenant de La Tour sur le Limousin[2], où celui-ci analyse l'évolution menant du fonctionnaire de l'Empire au suzerain local, ainsi que l'organisation de l'exploitation rurale[3].

Quoi qu'il en soit, ces nouveaux hommes forts, détenteurs localement d'une parcelle du pouvoir d'ordonner et de contraindre, c'est-à-dire du ban, étendent celui-ci sur un espace plus ou moins vaste entourant leur forteresse de bois, puis de pierres ; espace qui prend le nom, dans la seconde moitié du XIe siècle, de « châtellenie » (une cinquantaine en Périgord) et qui est à l'origine des plus anciennes « seigneuries ».



1. Higounet-Nadal, Arlette, « La Nouvelle société », in *Histoire du Périgord*, ouvrage collectif, Paris, Privat, 1983, p. 64.
2. Tenant de la Tour, G. *L'homme et la terre, de Charlemagne à Saint Louis*, Desclée de Brouwer, 1953, p. 226.
3. Tenant de La Tour, G. *L'homme et la terre, de Charlemagne à Saint Louis*, Desclée de Brouwer, 1953, p. 477.

Ainsi se met en place, au sein de la chrétienté médiévale, et en Périgord comme ailleurs, le système social si particulier de la « féodalité ».

## Des croisades bien oubliées

La fin du XIe siècle est aussi en France l'époque de l'engagement dans le grand mouvement des croisades. Malheureusement, ce sujet, pour le Périgord, n'a pas intéressé d'historiens contemporains.

Tout commence, pour ne retenir que cet événement, en 1009, date à laquelle le sultan Hakim rase le Saint-Sépulcre de Jérusalem, « tombeau » de Jésus. Par la suite, les pèlerins, encore nombreux au milieu du XIe siècle à se rendre à Jérusalem, sont persécutés sur leur lieu de pèlerinage. C'est dans ce contexte que le pape Urbain II prêche la croisade en 1095 à Clermont, promettant l'indulgence à ceux qui se porteraient au secours des chrétiens. L'évêque de Périgueux, Raynaud de Thiviers, participe à la première croisade et a la tête tranchée à Antioche en 1099. Un de ses successeurs, Rodolphe de La Tour, part en croisade lui aussi et en revient en 1219.

Quelques noms subsistent de ceux qui en Périgord rejoignent l'une des huit croisades qui se succèdent entre 1095 et 1270. Ils appartiennent tous, comme l'indiquent les textes conservés, aux vieux lignages « nobles » du Périgord. C'est à la troisième croisade, derrière les rois de France et d'Angleterre, qu'ils paraissent avoir été les plus nombreux (quinze noms conservés), ainsi qu'à la septième. Qui sont-ils ? À part le comte du Périgord, en 1248, ce sont de puissants barons (Biron, Beynac, Bourdeille), ainsi que de riches seigneurs d'Abzac, La Cropte, Salignac ou Rouffignac. Leurs motivations paraissent avoir été triples : expédition militaire, désir de libérer le Saint-Sépulcre, désir de racheter ses péchés grâce à l'indulgence promise par le pape Urbain II.

« Comme il a grand besoin de secours ce Saint-Sépulcre » écrit de son côté le guerrier et poète Bertran de Born dans une de ses nombreuses *sirventès*. La motivation de ces riches croisés était déjà formulée au début du XIIe par Guillaume d'Aquitaine : « Adieu, écrivait-il, adieu brillants tournois, adieu grandeur et magnificence, et tout ce qui touchait mon cœur, rien ne m'arrête, je vais aux champs où Dieu promet la rémission des péchés. »

C'est sans doute pour la même raison qu'à la fin de ces expéditions, en 1269, Boson de Bourdeille, coupable d'avoir dévasté les biens de la vicomtesse de Limoges, est condamné à aller combattre les infidèles pendant treize ans !

L'impact sur les populations locales reste à étudier. Il put être financier, pour financer le départ de ces guerriers ou racheter leur rançon (telle celle récoltée en Aquitaine pour libérer Richard Cœur de Lion, détenu en Allemagne de retour de croisade). Ces pèlerinages ou leurs projets sont mentionnés dans la charte d'anoblissement des trois frères Roux donnée en 1264 par Guy de la Tour Blanche, avec l'hommage de cinq sols aux quatre cas, et notamment, comme le dit ce seigneur, dans le cas où « si Dieu le permettant il arrivait que moy ou mes héritiers ou mes successeurs voulions visiter la terre en pèlerinage au-delà des mers ».

L'impact est également religieux, ne serait-ce que par le « suaire » de Cadouin, tissu rapporté vers 1116 à Cadouin, où il est alors vénéré comme une relique du linceul du Christ, alors qu'il s'agit, plus simplement, d'un tissu fatimide !

Le christianisme, dans l'interprétation qu'en donne alors l'Église, imprègne fortement les mentalités. Dans son *Histoire des évêques*, Labbe prétend aussi que ceux qui reviennent de la Terre Sainte sont fêtés. Ainsi en est-il de l'évêque Raoul de Scoraille à son retour, en l'automne 1002. L'on imagine aussi l'accueil que reçoit Louis IX (le futur Saint Louis), en 1270, lorsqu'il traverse le Périgord avec ses trois enfants pour aller s'embarquer à Aigues-Mortes pour son ultime croisade !

Ce ne sont là que quelques pistes de recherches. Sur ce sujet, tout reste à dire ou presque.

## L'expédition de Simon de Montfort[4]

Avant d'être complètement galvaudé et de désigner en France toute équipée militaire menée à l'étranger, à Naples ou en Aragon, le terme de croisade est réutilisé au début du XIII^e siècle contre les « parfaits » du Languedoc. Il s'agit de disciples d'un syncrétisme religieux dans lequel, à côté du christianisme, apparaît une très ancienne religion due à Mani, prophète perse du III^e siècle, qui s'inspira des doctrines de Zoroastre et de celles de Jésus et de Bouddha et que réfutait déjà saint Augustin dans ses *Confessions*. Les croisades, par la réouverture des courants commerciaux avec les Balkans, sont en partie responsables de l'arrivée de cette pensée religieuse jusque dans la région d'Albi et dans la vallée de la Garonne.

En 1207, le légat du pape Innocent III, envoyé auprès du comte de Toulouse pour lui ordonner de lutter contre cette pratique, est assassiné. Le pape fait alors prêcher la croisade contre ces « Albigeois », dont un seigneur du nord, le fameux Simon de Montfort, prend la tête. En 1212, il est dans le sud du Périgord où cette doctrine paraît avoir pris pied[5]. À défaut d'une forte communauté de « manichéens » dans la province, s'y trouvent surtout des seigneurs qui soutiennent le comte de Toulouse et adhérent peut-être à cette doctrine. Simon de Montfort soumet ainsi brutalement Biron (dont le seigneur est attaché à la queue d'un cheval), Domme, Castelnaud et Beynac. Cette « croisade » en Périgord marque dans le même temps l'influence du Nord sur le Midi et de son droit, et contient pour quelque temps les appétits anglais. Pourtant, en 1224, le clergé du Périgord se plaint encore auprès du roi Louis VIII de la persistance de l'hérésie dans le diocèse. « Comme la plus grande partie de ce diocèse est infestée par la contagion de la perversité hérétique, et qu'il n'y a personne qui s'oppose aux dangers encourus par les âmes ou par les corps[6]... » Cela met en cause l'efficacité de l'œuvre de Simon de Montfort, ou

4. Sur ce point consulter également *SHAP*, 1988, CXV, suppl., p 37-141,132.

5. Guilhem de Tudela et anonyme, *Chanson de la croisade albigeoise, t*raduction et édition E. Martin-Chabot.3 volumes: Paris, 1931,1957,1961 et Raynouard, *Choix des poésies des troubadours*, Paris, 1816-1821, 6 volumes, tome-II, p. 170.

6. Archives nationales, J 292, n° 1.

révèle peut-être ses véritables intentions. Mais nous sommes déjà au XIIIe siècle, presque à la fin de notre première période !

## Réchauffement climatique et défrichement

Il est bien difficile dans ce grand moment de l'histoire médiévale, allant de la moitié du XIe à celle du XIIIe siècle, parfois qualifié de « beau Moyen Âge », de mettre de l'ordre dans les faits observés par l'historien. Tout est en effet intimement mêlé.

Sur les plans économique et social, on note en Périgord, comme ailleurs, à partir des années 1050 au moins, un accroissement démographique, sans doute causé par le réchauffement climatique et la succession d'années de meilleures récoltes. Sans doute ! Car l'historien pour l'instant note surtout dans la toponymie la tendance à l'expansion des terres cultivées.

Ce que nous en savons actuellement est dû en grande partie aux travaux effectués par des étudiants de l'université de Bordeaux à partir des années 1960-70[7].

Ce que l'on peut constater, c'est le recul de la forêt, la création de nouvelles paroisses de taille plus petite que les précédentes, dédiées à des saints, telles que Saint-Martin, Notre-Dame, Saint-Nicolas, Saint-Jean (près de Villamblard) ainsi qu'Église-Neuve. Dans la région d'Ans, les hameaux de Puybouchey et Taillepetit paraissent liés à cette période de défrichement. D'autres toponymes plus explicites viennent compléter ces indices : ceux d'Artigue (empruntés à l'occitan), d'Essarts (empruntés au français), les Novales, « terres neuves », donnant Lanouaille, les Ages, les suffixes en *-ie* attachés à un nom de personne, les Labatut. Ainsi, le territoire occupé par les hommes s'étend en pourtour des noyaux occupés plus anciennement, comme à Mareuil ou « Villadeix ».

Quels sont les acteurs de ces défrichements (travail toujours coûteux et d'un rapport incertain sur les terres plus pauvres) ? Sans doute en grande partie l'Église, comme l'indiquent les nombreux

7. Bibliographie donnée dans l'*Histoire du Périgord*, Privat, *op. cit.* Exemples-de TER : Legay, G., *La châtellenie d'Ans*, 1975 ; Gautier-Dalché, P., *La région au nord-est de Bergerac*, 1972.

prieurés, granges abbatiales, manses, disséminés sur le plat pays : étapes entre abbayes ou sur le chemin de Saint-Jacques-de-Compostelle comme à Chalagnac et Manzac, ou bien souvent résultats des nombreux dons reçus par les églises et les monastères.

## Des hameaux aux bourgs

Un autre indice troublant est la proximité de ces nouveaux lieux de défrichement avec de petites forteresses. Comment s'est fait le lien entre eux, l'histoire ne le dit pas[8]. Dans certains cas, il a pu s'agir d'une motte ayant attiré un hameau (toutes ne le firent pas !). Quoi qu'il en soit, cela montre que le groupe des guerriers dut jouer un rôle dans cette reconquête du sol périgourdin à partir du milieu du XIe siècle[9].

Saint-Jean-d'Estissac est cité, nous venons de le voir, parmi les terres défrichées à partir du XIe siècle. Dans le même temps apparaîssent la châtellenie d'Estissac, située dans la paroisse, et une famille « noble » de ce nom citée à partir de 1110. À quelques dizaines de kilomètres de là, se trouve le château de Montclar, dont les auteurs des *Demeures historiques du Villamblardais*[10] nous disent : « C'est probablement à l'initiative des comtes du Périgord ou d'une branche cadette que fut édifié, au XIe ou XIIe siècle, le *castrum* de Montclar. Situé à peu de distance du foyer paroissial de Saint-Georges, ce château généra un important regroupement d'habitat qui s'amplifia au détriment du centre de la paroisse ». Montclar, sur un site stratégique qui contrôlait la route qui suivait la vallée du Caudeau, existe dès 1158 environ[11], mais son premier seigneur n'est connu qu'en 1230. Clermont ou La Tour Blanche, déjà citée, ont aussi pour « origine » une forteresse.



8. Debord, André, « Remarques sur la notion de bourg castral », *Annales du Midi*, t.102, n° 189-190.
9. Laharie, Muriel, *Le pouvoir comtal en Périgord des origines à 1311*, recueil d'actes, thèse pour le doctorat de 3e cycle (direction Charles Higounet) université Bordeaux III, 1975, pp.44 et suiv., 74 et suiv.
10. Belaud, Pascal et Bordier, Jean-Paul, *Demeures historiques du Villamblardais*, Patrimoines et Médias, Sagrafic, 2003
11. Cartulaire de Cadouin, n°II, CXV, CXX, CXXI, CXXIII, CXXVII.

Des défrichements, des nouveaux hameaux, nous pouvons facilement passer aux nouveaux bourgs ruraux qui se développent durant cette période. Ainsi, de nombreuses bourgades nées durant ces premiers siècles du bas Moyen Âge ont pour origine des « châteaux » : Bergerac, Mussidan, Ribérac, Excideuil, Montignac ou Grignols. Pour chacun d'eux, l'intérêt stratégique du *castrum* est facilement démontrable. Dans d'autres cas, ce sont les abbayes qui regroupent les hommes, comme à Brantôme, à Sarlat, à Terrasson, au Bugue, au Puy-Saint-Front ou à Saint-Cyprien.

En tout cas, ces bourgs deviennent vite des lieux de marchés, comme l'indique Bernard Fournioux[12] : « L'implantation de ces marchés, à Montignac et Bergerac vers 1070, à Excideuil, Mussidan et Ribérac vers le milieu du XIe siècle, à Salignac dès le début du XIe siècle, répondait à ce moment-là au grand essor du peuplement des campagnes et aux besoins de relais secondaires de commerce autour de Périgueux, qui fut durant le premier millénaire de notre ère, l'unique lieu central de la province. »

Donc, loin d'être un mouvement populaire et spontané, ce grand mouvement de réappropriation du sol à partir du milieu du XIe siècle semble bien porter la marque des puissants, qu'il s'agisse des guerriers ou de l'Église, malgré le poète Bertran de Born qui se plaint au XIIe siècle que l'on fasse de ses « futaies des terrains défrichés ». Une situation semblable apparaîtra de façon encore plus nette à partir de 1261 avec la création des bastides.

## Les seigneuries

Que de précautions il faudrait prendre avant d'employer les termes de la féodalité, que peu à peu, aux siècles suivants, les juristes utilisèrent couramment, mais que les rares textes conservés entre le XIe et le début du XIIIe ne mentionnent que peu[13] !

12. Fournioux, Bernard, *Montignac au Moyen Âge*, Fanlac, Périgueux, 2002, p. 35.

13. « Dans cette société en gestation, on a ignoré jusqu'à la fin du XIIe siècle le qualificatif de *nobilis*, et encore a-t-il été rare bien après ; le comte lui-même n'est dit *nobilis vir* qu'en 1212 » (Arlette Higounet-Nadal in *Histoire du Périgord, op. cit.*, p. 65).

Brantôme, une bourgade née d'une abbaye.
Photo Guy-Marie Renié.

Au début, le château n'est qu'un *castrum*, terme qui finira comme à Montignac par désigner le petit bourg se resserrant autour de la forteresse. La seigneurie, c'est-à-dire l'étendue du domaine sur lequel s'exerce le pouvoir du seigneur, est alors désignée de *castellania* ou d'*honor*, comme à Grignols : la route reliant les forts de Grignols et de Villamblard était appelée au Moyen Âge le chemin des Honneurs.

La puissance des petits potentats locaux apparaît par l'utilisation en quelques endroits, du moins depuis le Limousin jusqu'à l'est du Périgord, du titre de *comptor* : sorte de petit comte local, ce qui révèle bien son indépendance.

À cette situation d'émiettement du pouvoir local, il faudrait ajouter les guerres privées, souvent internes aux familles, telle l'entreprise du vicomte de Limoges Adhémar V contre son oncle Bernard, afin de s'emparer du château d'Excideuil en 1164 dont nous parle le prieur de Vigeois dans sa chronique.

Ainsi, comme l'écrivait Arlette Higounet-Nadal en 1983, « terres et paysans de ce Périgord en expansion étaient encadrés par un réseau de seigneuries foncières et banales que l'on ne commence à saisir qu'au XIIe siècle[14] ». À côté d'une « réserve » dépassant à peine les alentours du château, entretenues par des corvées de culture, l'ensemble du domaine agricole est découpé en tenures, appelées communément manses, d'une superficie de 8 à 10 hectares ; manses constitués de divers éléments propres à entretenir une famille, champs, vignes, bois, parfois quelques prés, enfin une maison : le « mainement ». Plus loin, en dehors de ce système, dans les terres nouvellement défrichées, ces maisons portent le nom de borderies et de bories. Ces tenures sont soumises à un cens fixe annuel perçu par les petits officiers du seigneur (procureurs, prévôts, viguiers, etc.). Quelques terres nouvelles sont grevées d'une redevance proportionnelle à la récolte, ancêtre du système du métayage. Pour Arlette Higounet-Nadal, vers 1250, la masse de la population est constituée de tenanciers libres (bien que des îlots de questaux, c'est-à-dire de non-libres, subsistent çà et là, soumis au droit de ban et de justice, à la taille en certaines occasions et à la dîme, sans que pour autant la pression fiscale paraisse trop forte). À cela, il faut ajouter la nature des corvées dues, l'utilisation obligatoire des équipements seigneuriaux, four, moulin, ainsi que l'observation de coutumes propres à la seigneurie.

Au centre de la seigneurie, le *castrum*, comme à Auberoche vers 1150, se compose généralement, à l'intérieur de l'enceinte, de deux parties distinctes, le donjon seigneurial composé de plusieurs étages et, à ses pieds, la « basse-cour ». Là se regroupent les habitats des chevaliers, les *milites castri*, qui deviendront plus tard des *milites casale*, des chevaliers « chasés », c'est-à-dire disposant en fief d'un petit domaine situé aux alentours de la forteresse. Nombre des plus anciennes familles de la noblesse du Périgord sont issues de ces « chevaliers de basse-cour », tels les Solminihac à Beynac.

14. Higounet-Nadal, Arlette, in *Histoire du Périgord*, *op. cit*, p. 79.

Dans la demeure du seigneur : peu de luxe[15] ; une cheminée, quelques bancs, des coffres, quelques tapisseries aussi contre les murs. Pourtant, si cette période allant de 1050 à 1250 a mérité son surnom de beau Moyen Âge, c'est en raison de l'exceptionnel raffinement culturel qui existe alors.

## Le Périgord ou le sommet de l'art des troubadours

Tandis que, venant du nord et léchant le Périgord à l'est, le français s'essaie à la littérature, la langue occitane est à cette époque en plein épanouissement. Bien que l'on fasse du Languedoc et de Toulouse le centre culturel de l'Occitanie, le Périgord n'est pas alors en marge, bien au contraire. C'est là que s'épanouit la poésie occitane, et que sont codifiées certaines de ses formes littéraires.

Si les distractions habituelles d'une population sont l'image la plus fidèle de son niveau de raffinement, alors, le chant des troubadours périgourdins ne peut que nous émerveiller. S'agit-il d'une culture de l'élite ? Il faut se poser la question. La majorité de nos troubadours ne sont pas issus de la catégorie des *seniores*, mais d'orfèvres, de clercs de notaire, de jongleurs. Malgré les tirades guerrières d'un Bertran de Born, cette poésie témoigne surtout d'une grande délicatesse de sentiment. « C'est que, ainsi que l'écrivaient Jean Monestier et Pierre Miremont[16], si ces poètes maniaient vertement le fouet de la satire, ils étaient de brûlants amoureux et d'admirables chanteurs de l'amour. » L'histoire du Périgord a conservé le nom de dix-huit d'entre eux :

- à Sarlat : Elias Cairels, Aimeric de Sarlat, Giraut de Salignac,
- à Bergerac : Paire de Brageirac, Sail d'Escola et Elias Fonsalada,
- à Hautefort : Bertran de Born (le père et le fils), ainsi que Peire de Bocinhac,
- à La Bachellerie : Uc ou Ugo de La Bachellerie,
- à Nontron : Jausbert de Puicibot,
- à Ribérac : Arnaut Daniel.

15. Fournioux, Bernard, « Le décor quotidien d'un seigneur châtelain périgourdin au Moyen Âge », *La vie de château, Cahiers de Commarque*, 1992, p. 113-120 (avec plan du *castrum* de Thenon).
16. In Fayolle, Gérard, *Histoire du Périgord*, Fanlac, Périgueux, tome I, 1983, p. 116

Le beau chevet roman de Saint-Léon-sur-Vézère.
Photo Guy-Marie Renié.

Auxquels il faut ajouter Bertrand de Pressac, Diode de Carlux, Guillaume de La Tour, Pierre de Vergt, Giraut de Bornelh et Arnaud de Mareuil.

Cette énumération qui évoque des noms de lieux de toute la province montre la place importante des troubadours périgourdins dans le « Parnasse occitan ». Leur renommée à l'étranger apparaît dans les écrits des écrivains Pétrarque et Dante. Ce dernier place Arnaut Daniel, l'inventeur de la sextine, au Paradis, en lui décernant le titre de « prince de la poésie ». En revanche, Bertrand de Born finit en enfer, errant, tenant sa tête à la main en guise de lanterne[17] !

À ces chants que les troubadours accompagnent de leur *rebec*, sorte de violon à trois cordes, chantant des *albas* en l'honneur des dames, des *sirventès*, plus critiques, et des *pastorales* distrayantes, il faut ajouter les grands spectacles populaires des mystères, sortes de comédies musicales jouées sur le parvis des églises ; tel le *Mystère de Périgueux*, du XIII^e^ siècle, dont un fragment a été retrouvé, caché entre deux pierres du mur extérieur de l'abside de Saint-Front.

## L'Église omniprésente : églises, abbayes, ordres religieux

Cet épanouissement de la littérature n'est pas un fait isolé. La période est aussi celle du renouveau de l'architecture de pierre, ce qui là encore témoigne d'un enrichissement général de la région. Il reste suffisamment d'exemples de ces constructions du XII^e^ siècle, tant en ville qu'à la campagne, malgré les nombreuses destructions, pour en permettre une première analyse.

17. Dante, *La Divine Comédie*, vers 1310, 8^e^ bolge du 8^e^ cercle.

## L'art roman

L'art roman triomphe alors (notons que l'expression ne date que du XIX^e^ siècle). Ce qu'il faut souligner, c'est que chaque communauté, chaque paroisse cherche à se doter d'une belle église, capable de contenir 100 à 200 personnes. L'ensemble de la communauté ? À vrai dire, l'historien se trouve là devant bien des questions. Qui construit ? Les évêques, le clergé, les paroissiens ? Qui finance ? S'agit-il d'un élan populaire auquel chacun participe, ou bien d'un travail de spécialistes se déplaçant de paroisse en paroisse[18] ?

À trop s'intéresser à l'histoire de l'architecture, on finit par oublier l'histoire sociale et, pour commencer, la finalité de ces monuments religieux. Comment utilise-t-on ces églises, alors dépourvues de sièges ? Sont-elles seulement réservées au culte ? Peut-on y passer la nuit, sur un lit de paille, comme des anecdotes nous le montrent ailleurs ? Sont-elles ouvertes les jours de fêtes et notamment lors des débordements de la fête des fous ? En d'autres termes sont-elles perçues comme des maisons capables de réunir en toute liberté et sécurité la communauté ou bien comme des espaces purement sacrés ? Des recherches manquent sur tous ces points pour le Périgord.

Sous l'angle de l'architecture, l'analyse est bien plus facile. Signalons pour commencer que l'architecture médiévale en Périgord est presque exclusivement romane, le « gothique », c'est-à-dire l'*opus francorum*, y étant très minoritaire.

Ces églises se rencontrent dans presque tout l'espace périgourdin, à l'exception de petites régions, telles que la Double, les pays de Vergt, de Villamblard ou les environs de Jumilhac-le-Grand.

Impossible de savoir dans quelles proportions ces nouvelles églises en remplacent d'autres plus anciennes, parmi lesquelles certaines étaient sans doute construites en bois. Les plus anciennes églises du Périgord se rencontrent sur le site d'anciennes *villae* de la basse antiquité.

18. Sur l'art roman en Périgord, consulter : Secret, Jean, *Périgord roman*, 1979 et Secret, Jean, *Promenades en Périgord roman*, itinéraires culturels, Zodiaque, Paris, 2002.

Sans doute, pour éviter les charpentes en bois, préféra-t-on utiliser, dans une moitié nord du Périgord ayant presque Périgueux comme limite, la voûte en pierre. Dans cet espace où dominent les églises des vallées, celles-ci sont d'une seule nef afin de ne pas éparpiller l'assistance et couvertes de plusieurs coupoles successives : deux, trois, plus rarement quatre. Pour passer du carré de l'édifice (symbole du monde des hommes ?) à la voûte circulaire (symbole du ciel divin ?), ce sont les supports sur pendentifs, plus discrets, qui sont privilégiés. Sans exagérer, on sent ici l'influence de l'Orient byzantin, rencontré par les croisés, sur place ou à Venise, peut-être aussi par l'intermédiaire de l'Espagne.

La construction d'édifices de ce style s'étend sur toute notre période, du milieu du XIe siècle à Saint-Front jusqu'à la fin du XIIe siècle à Saint-Martin-de-Limeuil. Ce qui reste des sculptures et de la statuaire de ces monuments nous montre à la fois un style d'une grande simplicité et d'une grande maturité. Chapiteaux ornés de monstres à Sarlat, de figures géométriques à Aubas et Brantôme, de feuillages à Cadouin et Trémolat, sans compter la grande richesse iconographique des chapiteaux de l'ancien cloître de Saint-Avit-Sénieur.

« Autour de Périgueux, écrit Gérard Fayolle en 1983, Chancelade, Merlande, Ligueux restent les plus beaux fleurons de l'art chrétien roman[19]. » Il y a une explication à cela : l'essor durant cette période des grandes abbayes est lié directement ou plus tardivement aux grands ordres religieux : Dalon en 1114, Cadouin en 1115, Ligueux en 1116, Peyrouse en 1153, Boschaud en 1154. Signalons que saint Bernard lui-même vint en Périgord en ce milieu du XIIe siècle.

À Périgueux, l'église de la Cité (datant de la fin du XIe selon Jean Secret) a aujourd'hui perdu deux de ses quatre coupoles d'origine, mais elle est peu à peu supplantée comme église cathédrale par l'église Saint-Front, qui, indépendamment de son origine plus ancienne, date d'au moins 1120, c'est-à-dire des lendemains de l'incendie de son « moustier ». Elle est reconstruite sur un plan

19. Fayolle, Gérard, *Histoire du Périgord*, Fanlac, Périgueux, 1983, p. 143.

très semblable à celui du XII^e siècle, mais l'on notera surtout ici le grand volume intérieur de cette cathédrale, destinée à accueillir les fidèles pour les offices et les pèlerinages, sous son immense coupole « byzantine » : l'« un des édifices les plus curieux de toute la chrétienté » selon les propres termes de Prosper Mérimée, qui visita cette cathédrale en 1845[20].

## Les Chevaliers de Saint-Jean de Jérusalem

C'est aussi durant cette période du « beau Moyen Âge » que les chevaliers de Saint-Jean prennent pied en Périgord. Revenons quelque temps en arrière, 45 ans avant le début des croisades. En effet, à l'époque où les commerçants italiens implantaient des comptoirs commerciaux au Levant, des marchands de l'ancienne république d'Amalfi obtinrent du calife d'Égypte l'autorisation de construire à Jérusalem une église, un couvent et un hôpital dédié à saint Jean-Baptiste, destiné à soigner les pèlerins malades, sans distinction de race ou de religion. Cette communauté monastique qui administrait l'hôpital pour les pèlerins en Terre Sainte devient bientôt un ordre religieux indépendant, en vertu de la bulle du pape Pascal II de 1113.

Le rôle de l'ordre est de soigner et de défendre les malades et les pèlerins dans les territoires que les croisés ont conquis sur les musulmans. L'ordre devient ainsi à la fois religieux et militaire.

En Périgord, les Hospitaliers sont à la tête de commanderies dès le XII^e siècle à Saint-Naixent, au sud de Bergerac, et en 1232 à Comberanches dans la Double, importante commanderie possédant des annexes et un moulin. Au total, non compris les biens des Templiers dont ils héritent au début du XIV^e siècle, les Chevaliers de Saint-Jean possèdent des biens de rapport dans près de 78 des communes actuelles du Périgord. Presque absents au sud-est, entre Périgueux et Sarlat, et dans le quart nord-est, ils sont au contraire

20. Penaud, Guy, *Histoire de Périgueux*, Fanlac, Périgueux, 1983, p. 352. À ces monuments religieux, il faut ajouter tous les édifices civils qui subsistent aujourd'hui et dont témoignent les travaux de recherche de Pierre Garrigou Grandchamp : « L'architecture domestique dans les agglomérations périgourdines aux XII^e et XIII^e siècles », *BSHAP*, t.-CXXII, 1995, p. 683-728.

très présents dans la Double (où ils ont dû chercher à faire valoir les terres incultes) et le long des voies menant à Marmande et Brive. Les archives de La Valette à Malte conservent de nombreux documents inédits, relatifs à la gestion de tous ces biens ainsi que les preuves de noblesse des chevaliers périgourdins[21].

## Les Templiers[22]

En 1118, Hugues de Payens et Godefroy de Saint-Omer obtiennent du pape Honoré II l'approbation de la création d'un ordre chevalier imitant l'ordre de Saint-Jean et dont la règle est inspirée de celle de saint Bernard. Leur nom originel est « l'ordre des pauvres chevaliers du Christ » ; leur mission, de défendre le royaume latin de Jérusalem. C'est ce qu'essaye de faire en vain en 1244 leur grand maître Armand de Périgord, fils du comte Hélie de Talleyrand.

Notre province est pour l'ordre du Temple l'une des nombreuses préceptories de la région, rattachées à la maîtrise de Saint-Gilles du Gard. L'ordre s'implante rapidement dans la région, grâce à des dons et legs des seigneurs de Nontron, Sarlat, Bergerac ainsi que des évêques de Périgueux et de l'abbesse de Ligueux. Les commanderies majeures sont celles de Lempzours et de Sergeac.

La finalité de tous les biens possédés par l'ordre du Temple, exploitations agricoles et d'élevage, granges dimières, forêts, etc., est de rapporter le plus de fonds possible, car la mission de l'ordre en Terre Sainte entraîne de grands frais. Sans doute participe-t-il aussi au grand mouvement de défrichement et d'agrandissement de la surface agricole du Périgord au XIII^e^ et au début du XIV^e^ siècle, ainsi que l'ordre des Chevaliers de Saint-Jean, car il construit également des églises et des châteaux. De fait, tout le Périgord est concerné par les implantations des biens des chevaliers du Temple. La majorité se trouvant le long du chemin de Saint-Jacques passant par Neuvy-Saint-Sépulcre, Limoges, Périgueux, Cadouin, jalonné

21. « Les chevaliers de l'Ordre de Malte originaires du Périgord dans les archives de la Bibliothèque nationale de Malte à La Valette », in *Mémoire de la Dordogne, revue des sevices du patrimoine départemental de la Dordogne*, n° 18, Périgueux, septembre 2006.
22. Ce qui suit est inspiré de l'ouvrage de André Goineaud-Bérard, *Templiers et hospitaliers en Périgord*, Pilote 24, Bordeaux, 2002.

Sergeac. Les vestiges de la commanderie templière sont très bien conservés. Photo Guy-Marie Renié.

de lieux de pèlerinages secondaires, tels le tombeau de saint Front ou le « saint suaire » de Cadouin !

Au total, l'ordre du Temple possède alors des biens dans 77 des communes actuelles du Périgord, soit 13 % d'entre elles. Une quarantaine de noms de Templiers périgourdins est parvenue jusqu'à nous.

## Une période et une société en continuelle évolution

Nous avons vu naître les bourgs, le plus souvent à l'ombre des seigneurs ou même de l'Église. Là se forge une force nouvelle, celle d'habitants issus le plus souvent des paroisses environnantes, comme l'a bien montré Arlette Higounet-Nadal dans sa magistrale étude sur Périgueux aux XIV^e^ et XV^e^ siècles[23] : dynamique, ayant réussi à quitter la terre, à occuper dans ces bourgs les activités en plein essor de l'artisanat et du commerce, cette petite population urbaine aspire très vite à la liberté d'agir et de s'organiser. D'où les tensions qui se développent peu à peu avec leurs puissants maîtres et voisins. Les bourgs, du moins les plus importants, deviennent alors des enjeux sur le plan politique, entre les mains de ceux qui contrôlent de plus en plus le Périgord, c'est-à-dire le roi de France et le roi d'Angleterre, duc d'Aquitaine.

Périgueux est la première à s'émanciper, si l'on peut s'exprimer ainsi, car, au XII^e^ siècle, autour du tombeau du monastère de saint Front, dont témoignent les sarcophages découverts au début des années 1990, rue Saint-Front, non loin d'une des résidences du

23. Higounet-Nadal, Arlette, *Périgueux aux XIV^e^ et XV^e^ siècles*, Fédération historique du Sud-Ouest, Bordeaux, 1978, p. 199 (Livre III, *Le renouvellement et la mobilité de la population*).

comte, la *salla*, et de la maison forte de Grimoard, quelques maisons se sont regroupées, amorce d'un bourg faisant concurrence à la vieille « cité » de Périgueux, et situé apparemment sur le carrefour menant à Limoges et Agen du nord au sud et de Bordeaux à Lyon, d'ouest en est.

Dès 1188, Périgueux possède un sceau, ce qui montre qu'elle a acquis la personnalité juridique. Pour mettre fin à leurs relations difficiles et aux querelles souvent vidées dans « l'entre-deux-villes » – l'actuelle place Francheville –, les deux bourgs voisins de la Cité et du Puy-Saint-Front passent un accord en 1240 qui ne règle rien, puisque les différends reprennent avec l'appui du comte. Finalement la constitution de 1253 stabilise la situation.

Périgueux : la maison des Dames de la foi, ancienne maison des Templiers.
Photo Guy-Marie Renié.

Le nouveau bourg de Sarlat, regroupé autour de l'abbaye de Saint-Sauveur, s'émancipe, quant à lui, progressivement. En 1204, il négocie d'abord des accords fiscaux avec les moines. En 1240, il est de fait indépendant, et tente de prendre le contrôle de l'abbaye.

Bergerac, grâce à l'initiative rare et coûteuse de son seigneur d'y jeter un pont sur la Dordogne, est devenue un carrefour important pour le commerce ainsi qu'un des passages des pèlerins de Compostelle. Son hésitation entre la domination française ou anglaise est réglée au profit de cette dernière, qui, en 1254, bloque les exportations de marchandises. En 1255, Bergerac cède et le roi Henri III d'Angleterre l'autorise à s'organiser en commune.

Toutes ces nouvelles communautés d'habitants ne réussissent pas à secouer leur tutelle. Ainsi Terrasson, après quelques velléités d'indépendance vers 1234, paraît être repris en main par le monastère.

Que cette indépendance soit presque totale ou non, il faut remarquer qu'à cette époque, beaucoup de bourgs du Périgord peuvent négocier des aménagements de leur situation juridique et obtenir des coutumes, tels Mussidan, Issigeac, Beynac, Biron, Montclar, ils mettent ainsi en place de nouvelles relations avec leur seigneur.

Les rois interviennent ensuite, qui établissent des contacts directs avec ces nouvelles communautés, pour les protéger, et recevoir d'elles un serment de fidélité. C'est le cas par exemple de Bergerac avec Henri III d'Angleterre ou de Sarlat en 1223 avec Louis VIII de France.

Le dynamisme de la période apparaît également dans le développement des communications et du commerce. Car on circule beaucoup sur un réseau routier dont le tracé est en grande partie conservé aujourd'hui. Signalons seulement ici un grand axe délaissé, celui qui joint alors La Rochelle et Toulouse, par Angoulême, Périgueux, Lalinde, avec des embranchements vers Montignac, Sarlat et Domme, où séjourne souvent le sénéchal du roi. Dans ce réseau, soulignons l'importance économique des ponts : à Notre-Dame-de-Perdux sur la Dronne, à Terrasson sur la Vézère, à Montignac (si important qu'il apparaît sur un sceau de la ville en 1257), à Bergerac ainsi qu'à Périgueux. Parmi les nombreux voyageurs, citons les marchands, même si leur rayon d'action ne dépasse guère une zone de trente kilomètres, sauf pour le commerce du vin. Certains se rendent aux foires qui peuvent durer plusieurs jours, ou aux marchés hebdomadaires des bourgs, sévèrement réglementés et protégés. Mentionnons aussi les pèlerins, sans oublier ceux qui se rendent à Rocamadour sur le tombeau de « saint Amadour » (le Zachée de la Bible).

## Les moines mendiants

Parmi ceux qui arpentent ces routes se trouvent les « frères mineurs », frères car il s'agit de religieux, mineurs car ils privilégient l'humilité et l'attention aux plus défavorisés. Aux hérétiques cathares, ils empruntent « leurs méthodes et leur genre de vie : prédication itinérante, exigence radicale de pauvreté. Ce furent les raisons de leur succès[24] ». Peu s'en faut pourtant qu'à leur origine, les papes ne les traitent eux-mêmes comme hérétiques, tant ils se rattachent aux autres mouvements de pauvreté anticonformistes. L'apparition de ce qui allait bientôt devenir de nouveaux ordres, les Franciscains, les Clarisses, les Dominicains, s'appuie sur deux situations nouvelles :

- D'abord le désintérêt, voire le discrédit, envers certains ordres monastiques et membres du clergé, dont le mode de vie peu « évangélique », à l'abbaye de Tourtoirac, ou même à l'évêché de Périgueux, est dénoncé à la fin du XII^e^ siècle par le prieur de Vigeois, tandis que le pape lui-même se plaint au début du XIII^e^ du relâchement intervenu dans l'abbaye de Cadouin.
- D'autre part, ces mouvements veulent s'adresser au monde nouveau des villes et à leurs plus pauvres quartiers.

C'est en effet dans les faubourgs que les Franciscains s'installent au début du XIII^e^, en 1217 à Bergerac, en 1220 à Périgueux, du vivant de saint François et avant même la constitution de l'ordre. Les Clarisses sont présentes dans la Cité en 1257. Derrière eux arrivent les Dominicains en 1241 à Périgueux, en 1260 à Bergerac, bientôt suivis dans cette ville des Carmes en 1290. Fin XIII^e^, les Franciscains sont également établis à Montignac, Excideuil et Nontron. Ces ordres « mendiants » recueillent peu à peu des dons des plus riches, donnent une nouvelle image de la foi, acquièrent une popularité par leur action et leur prédication, utilisant des anecdotes morales, les fameux *exempla*.

24. Balard, M., Genêt, J.-Ph., Rouche, M.,*Des barbares à la Renaissance*, Hachette, Paris, 1973, p. 172.

## Un « beau Moyen Âge » bien mouvementé

À la fin de cette période, du moins à partir de 1175, le Périgord est soumis aux querelles entre Français et Anglo-Angevins. Conflits limités entre quelques troupes d'armes, plutôt que conflits généralisés éprouvant l'ensemble de la population du Périgord ? La question reste en suspens.

L'origine de cette période d'insécurité est le divorce du roi Louis VII d'avec Aliénor d'Aquitaine, duchesse d'Aquitaine, et le remariage de celle-ci avec le duc d'Anjou, bientôt héritier de la couronne d'Angleterre. Le Périgord est sur le chemin des Anglais, d'où les exactions que commettent les troupes de Richard Cœur de Lion à partir de 1175, et presque jusqu'à la mort de ce dernier, le 6 avril 1199, lors du siège de Châlus, à deux pas du Périgord.

La suite des événements n'est qu'une série d'avancées et de reculs des deux camps sur toute l'étendue du Périgord, qu'il est bien difficile de suivre dans le détail.

- En 1224 seulement, Louis VIII reconquiert pour un temps toute la province.
- En 1242 puis en 1253, Henri III d'Angleterre reprend le contrôle du Bergeracois.
- Finalement, le roi Louis IX (futur Saint Louis), par le traité de Paris, remet aux Anglais le Périgord, sauf ce qui appartient au comte de Toulouse, au comte du Périgord, et Périgueux et Sarlat qui restent au roi de France.
- En 1294, Philippe le Bel confisque à Édouard Ier d'Angleterre l'Aquitaine, et Charles de Valois vient l'occuper.

## Les bastides

C'est de cette période que datent les bastides, ces nouveaux villages « planifiés » édifiés entre 1261 et le début du XIVe siècle, et qui n'ont pas encore livré tous leurs secrets.

L'historien constate le développement durant cette période de bourgs d'un genre nouveau, bâtis d'un seul jet, selon un plan suivi, orthonormé, dont le quadrilatère régulier contraste avec les autres bourgs plus anciens, de forme irrégulière. Leurs dates de

Carte des bastides du Périgord.
Carte Jeanne Sicre.

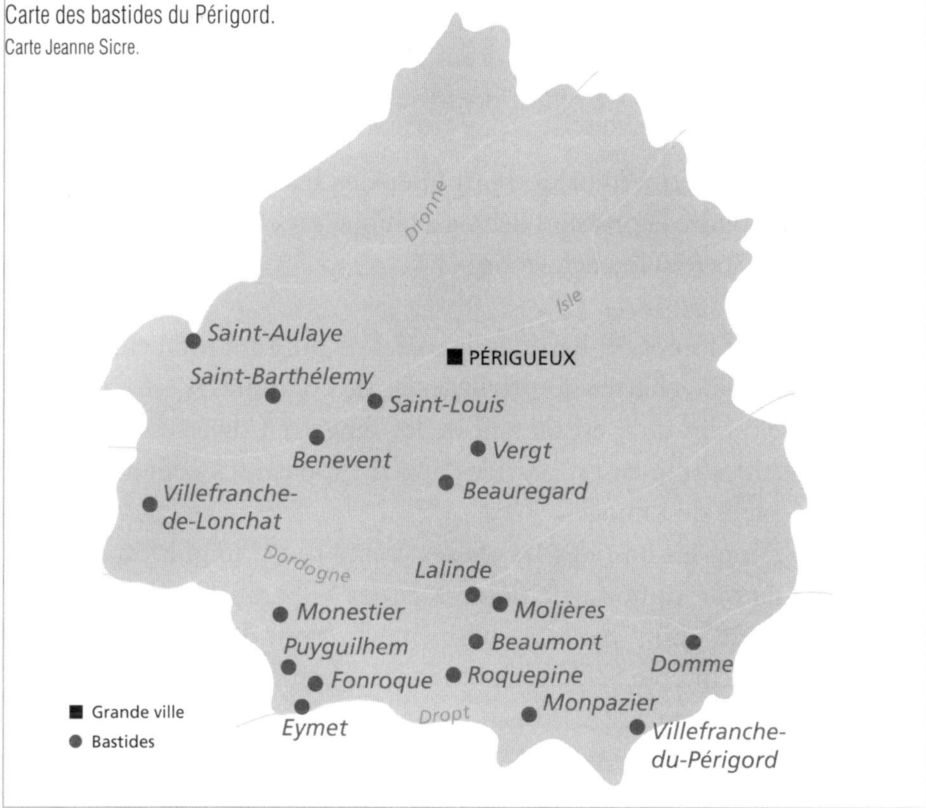


construction sont comprises entre le traité de Paris et la période de la réoccupation française de la région. Quant à leur localisation, elle correspond, du moins au début, à l'espace limitrophe des domaines français et anglais, c'est-à-dire la rive sud de la Dordogne ou presque. Plusieurs facteurs ont pu favoriser le développement de ces bastides en Périgord (car le phénomène concerne plus tôt et plus fortement encore l'Agenais, la Gascogne et le Toulousain) :

- C'est une réponse de la part du roi d'Angleterre aux bastides créées au sud du Périgord par Alphonse de Poitiers, frère du roi de France.
- Il s'agit de peupler ou « repeupler » des espaces délaissés en raison des conflits, en protégeant les communautés d'agriculteurs, et de créer ainsi des lieux d'appui militaires par l'existence de communautés fidèles et de fortifications.

- Ce sont aussi des opérations financières, par les multiples profits qu'elles engendrent malgré les « libertés » accordées (cens, droits de vente, et surtout marchés) et le développement économique.
- Elles permettent de regrouper des habitats dispersés ou de résoudre la pression démographique car elles comptèrent entre 200 et 350 feux chacune !

Pour toutes ces bastides, le rôle d'un puissant protecteur accordant les « chartes de privilèges et de coutumes » est ici patent, à tel point qu'il est tentant de les ranger en diverses catégories : bastides françaises, bastides anglaises, bastides comtales ou du vicomte de Limoges.

- Parmi les bastides françaises créées sous l'impulsion du frère du roi, Alphonse de Poitiers, citons Villefranche (1261), Eymet (1270), puis, par le roi lui-même, le Mont de Domme (1281).
- De leur côté les Anglais fondent les bastides de Lalinde (1267), Beaumont (1272), Beaulieu (1284) et la plus géométrique de toutes, Monpazier (1285), pour laquelle travaille l'arpenteur Bertrand de Panissals. En 1289, le roi d'Angleterre enjoint même au seigneur de Biron de forcer ceux qui se sont portés volontaires par contrat d'y bâtir maison et d'y résider ! La dernière bastide anglaise recensée est celle de Saint-Barthélemy-de-Goyran en 1316, qui semble avoir duré peu de temps[25].
- Le comte de Périgord crée quant à lui les bastides de Vergt (1285) et de Tocane près du fameux pont romain.
- Le vicomte de Limoges celles de Fossemagne (1324) et de Beauregard-de-Terrasson.

La plupart de ces bastides subsistent, et montrent, vu du ciel, le beau quadrillage de leurs rues, moins perceptible pour le passant,

25. Fournioux, Bernard, « Une fondation plantagenaise avortée en Périgord : la bastide de Goyran ». *Bull. Soc. Hist. Archéo. du Périgord.* 1984, t. 111, livr. 4, p.-288-295, et *Archéologie médiévale*, 1985, t.15, p.-197-204. Higounet, Charles. « À propos de la fondation de la bastide de Saint-Barthélemy-de-Goyran », *Bull. Soc. Hist. Archéo. du Périgord.* 1987, t.114, livr. 3, p.-203-206. Bouchereau, Jean. « Quelques précisions au sujet de la bastide de Goyran », *Bull. Soc. Hist. Archéo. du Périgord.* 1987, t.114, livr. 3, p. 207-213.

La bastide de Monpazier, avec sa grande place bordée d'arcades,
est l'une des plus représentatives bastides du Périgord.
Photo Guy-Marie Renié.

comme à Vergt. Quoi qu'il en soit, pour en revenir au Moyen Âge périgourdin, il est assez couramment admis par les historiens que l'arrêt de leur création correspondrait à l'inversion de la tendance démographique, c'est-à-dire à son net ralentissement, au début du XIVe siècle, témoin de temps plus difficiles.

Ces bastides sont l'occasion d'évoquer la rareté des vastes monuments d'architecture gothique en Périgord[26]. Sans doute les paroisses à cette époque sont-elles déjà pourvues d'églises bâties ou rebâties à l'époque romane. En tout cas, à part pour quelques éléments d'abbayes et châteaux, les églises des bastides, du moins ce qui en a été conservé, appartiennent à ce style d'architecture, comme à Molières, Beaumont ou Monpazier – encore cette dernière n'est-elle terminée que bien plus tard, faute d'argent. Nous sommes bien là dans un autre Moyen Âge !



26. En ce qui concerne l'architecture domestique de style gothique, consulter : Garrigou Grandchamp, Pierre, « Introduction à l'architecture domestique en Périgord aux XIIIe et XIVe siècles », in *Congrès archéologique de France*, 156e session, 1998, Périgord, Société française d'archéologie, Paris, 1999, p. 47-71.

# 07 Le temps des troubles (XIVe et XVe siècles)

Pour les historiens, la fin du XIIIe siècle apparaît sur de nombreux plans comme une rupture par rapport à la période précédente. On assiste à un ralentissement des défrichements, à un repli intellectuel. L'époque n'est plus à l'innovation, mais plutôt à la rédaction de « sommes », c'est-à-dire d'abrégés des connaissances (*Somme théologique* d'Albert Le Grand, *Somme contre les Gentils* de saint Thomas d'Aquin, *Somme Le Roi*, du frère Laurent). Bientôt viendra l'heure des condamnations.

## Persécutions et pestes

Cette dernière période du Moyen Âge est, bien davantage celle des guerres, des troubles, des pestes et de l'insécurité que la précédente. Plusieurs événements illustrent cette situation : la croisade des pastoureaux, la persécution des juifs et des lépreux, ainsi que la condamnation des Templiers.

### La croisade des pastoureaux

1250 : la nouvelle de l'emprisonnement du roi Louis IX lors de la septième croisade crée un choc. Comment un roi aussi pieux peut-il être ainsi abandonné par Dieu ? Pour un moine de Cîteaux, pris d'illumination et bientôt appelé « le maître de Hongrie », la raison est simple. Jamais un chevalier, un riche, un puissant, un orgueilleux, ne pourra reprendre Jérusalem. Seuls peuvent y réussir les pauvres, les humbles, les bergers, c'est-à-dire les pastoureaux.

Ce message du « maître de Hongrie » correspond tellement à l'esprit inquiet du temps que ces pauvres gens sont bientôt des milliers à marcher sur Amiens puis sur Paris. D'abord reçus par Blanche de Castille, ils sont ensuite réprimés par les forces royales. En chemin, ils pillent Bordeaux et s'en prennent aux juifs. Depuis les croisades, les juifs étaient en effet de plus en plus persécutés sous des prétextes religieux et économiques. Au milieu du XII^e^ siècle, déjà, saint Bernard s'élève en vain contre le moine allemand Raoul, qui, dans la région de Mayence, prêchait aux chrétiens le massacre des juifs.

En Périgord, les pastoureaux qui s'en prenaient pareillement aux biens des juifs et aux châteaux royaux, se virent confisquer leurs biens situés dans la sénéchaussée de Périgueux, le 10 février 1322. Ce qui indique qu'ils étaient bien organisés.

## La peste

En 1279, c'est la peste qui frappe durement Sarlat à l'automne, faisant, dit-on, 1500 morts. Le cimetière étant vite trop petit, les morts sont enterrés dans une plaine voisine, près du Roc Laumier. Ce fléau cesse à Pâques 1280, et sur le lieu même des inhumations, les habitants de Sarlat enchaînent vêpres, processions et réjouissances, origine d'une fête, répétée au même endroit jusqu'au début du XX^e^ siècle.

## La suppression de l'ordre des Templiers

À la fin du XIII^e^ siècle, avec la perte de Saint-Jean-d'Acre, la raison d'être de l'ordre du Temple est caduque. Leur richesse en fait de moins en moins des « pauvres chevaliers du Christ ». Le roi Philippe Le Bel ordonne l'arrestation de tous les Templiers à l'aube du 13 octobre 1307. En Périgord, ceux de Sergeac et des Andrivaux sont emprisonnés à Périgueux, ceux du sud Périgord à Domme, à Bourdeille pour ceux du centre de la province. Ceux du nord, à

Saint-Yrieix et Limoges. « À Périgueux, c'est l'évêque qui mène les premiers interrogatoires suivant un questionnaire pré-établi envoyé par la curie pontificale », écrit André Goineaud-Bérard[27]. Soumis aux tortures et à la faim, tel le Périgourdin Guillaume de Villars, la plupart avouent tout ce qu'on leur demande avant de se rétracter.

### Lépreux et juifs

Les témoignages écrits qui subsistent, notamment dans les archives municipales, sur le traitement des juifs au début du XIVe siècle, sont effrayants. Si forte était alors la crainte qu'ils inspiraient qu'ils étaient accusés de méchancetés ou de sorcellerie, tels l'empoisonnement des puits. Certains étaient même condamnés à être brûlés comme à Archignac en 1321 et trois ans plus tard à Sarlat. En cette même année 1321, on emmura vivants des lépreux en la maladrerie Saint-Hippolyte ! Le roi finit, mais un peu tard, par ordonner en août 1321 de mettre fin aux persécutions.

Durant cette triste année, les juifs avaient été compris dans la vindicte populaire vis-à-vis de tous les supposés empoisonneurs de fontaines et de chrétiens !

Aussi, cette dureté du second Moyen Âge, marqué par un arrêt de la croissance, la multiplicité des mouvements sociaux, ainsi que le retour du conflit franco-anglais, explique que l'on construit moins de monuments remarquables en Périgord aux XIVe et XVe qu'aux deux siècles précédents.

## La deuxième guerre de Cent Ans (1337-1453)

En 1337, la nouvelle confiscation du duché d'Aquitaine puis la mise en doute par l'Angleterre de la légitimité des rois de France ouvrent une succession de troubles, de guerres larvées, d'opérations militaires qui durent plus de cent ans.

27. Goineaud-Bérard, André, *Templiers et hospitaliers en Périgord*, Pilote 24, 2002.

Le château de Castelnaud, un des hauts lieux de l'histoire du Périgord, abrite aujourd'hui le musée de la guerre au Moyen Âge.
Photo Akim Ben Brahim.

En Périgord, les hostilités commencent l'année suivante à Puyguilhem en Bergeracois où, pour la première fois, les troupes françaises font usage d'artillerie à poudre. On se bat ces années-là le long des vallées de l'Isle et de la Crempse.

## Les victoires de Derby

Face au corps expéditionnaire anglais du comte de Derby, débarqué à Bayonne, les troupes du « capitaine pour le roi de France en Guyenne », Bertrand de L'Isle-Jourdain, ne savent pas faire preuve de patience. Plutôt que d'attendre prudemment dans les faubourgs de Bergerac, ils avancent à découvert et sont bientôt la cible des flèches anglaises. Disloqués, les Français fidèles au roi se réfugient dans leurs châteaux d'Auberoche, de Montagrier, de Bourdeille, de Pellegrue, ou dans la ville de Périgueux et perdent plusieurs de leurs places fortes.

## Un pays difficile à contrôler

Cependant les Anglo-Gascons, malgré leur réussite, ne sont pas assez nombreux pour tenir le pays. Le retour victorieux des Français qui, en 1351, reprennent de nombreuses positions fortifiées, ne change rien. Chassés d'une place forte, les vaincus (des deux camps) vont se réfugier dans la place voisine et ainsi de suite. La guerre des châteaux est sans fin.

## Les misères du temps

Assiégées, certaines communautés ne peuvent plus semer ni labourer. La fiscalité de guerre épuise la population, les seigneurs voient leurs revenus s'effondrer, la mauvaise conjoncture climatique réduit les récoltes. À tout cela s'ajoute la peste rapportée de la mer Noire par les navires italiens. À Périgueux, elle est mentionnée pour la première fois en 1350[28]. Arlette Higounet-Nadal a pu montrer qu'en fait, la population de cette ville diminue de moitié à partir de cette date.

## Le Périgord donné aux Anglais

En 1360, au terme du désastreux traité de Brétigny, le Périgord se trouve incorporé dans une Aquitaine totalement anglaise que dirige le Prince Noir. Périgueux et Bergerac doivent se soumettre et prêter hommage. Une période de paix s'ouvre alors et dure pendant près d'une décennie. Les comptes de la fiscalité anglaise font alors paraître 37 200 feux, soit environ 200 000 personnes.

## Le comte du Périgord en appelle au roi de France

Le roi de France Charles V conserve juridiquement sa souveraineté sur la Guyenne. Aussi accepte-t-il de répondre aux appels des grands seigneurs aquitains, dont le comte du Périgord mécontent du puissant encadrement qu'exercent les Anglo-Gascons sur la région. La liste de ceux qui adhèrent en Périgord au mouvement général en faveur du roi de France est impressionnante, car elle comprend de très nombreux châteaux et cités du sud de la Dordogne.

La guerre reprend avec du côté français une nouvelle stratégie à laquelle Du Guesclin n'est pas étranger : guerre défensive, de harcèlement, afin de se montrer insaisissable face à un ennemi qui préfère les grandes batailles frontales. Ainsi, en 1369, le Périgord échappe aux Anglo-Gascons et la majorité des places fortes et des villes regagne le camp français, sauf dans la vallée de la Dordogne, du moins jusqu'en 1379.

28. Higounet-Nadal, Arlette, *Périgueux aux XIV*e *et XV*e *siècles*, Fédération historique du Sud-Ouest, Bordeaux, 1978.

## Seigneurs pillards et anarchie

La situation incertaine qui se prolonge favorise l'indépendance des seigneurs et de leurs anciens chevaliers de « basse-cour » qui possèdent maintenant des maisons fortes aux alentours. Nombreux sont ceux qui changent de camp, tels les Montaut, les Limeuil, les Saint-Astier. Plus tard, à la fin du règne de Charles V, des seigneurs rançonnent même le pays à la tête d'une bande d'hommes d'armes, tels les sires de Montferrand, de Clérans ou le fameux Ramonet de Sort. La chronique tenue par la jurade de Bergerac fait état de cette insécurité générale, des rançons, des enlèvements, des vols, des meurtres, des incendies, des achats de trêves, à Bergerac, en cette fin de XIVe siècle.

## La fin de la dynastie des comtes du Périgord

En définitive, les ennuis que causent les comtes du Périgord aux habitants du Puy-Saint-Front ne sont pas très différents de ce que subit Bergerac à la même époque, le comte leur imposant un impôt protecteur ravageant la banlieue de 1378 à 1391. L'intervention des armées du roi calme pour peu de temps le comte et son successeur. Finalement, le Parlement de Paris confisque le duché d'Aquitaine au profit de la couronne. Après quelques rebondissements, le dernier comte du Périgord, Archambaud VI, s'embarque pour l'Angleterre et le comté est donné en 1400 au frère du roi, le duc d'Orléans.

## La ligue du « pays de l'Union » et la reconquête française

Au début du XVe, la « guerre des châteaux » reprend en Périgord entre Anglo-Gascons et Français. L'insécurité règne partout.

Le sentiment pro-français est-il une réaction à la terrible défaite d'Azincourt ? C'est possible. En tout cas, en Sarladais, une ligue du « pays de l'Union » se forme contre les « Anglais » dont le sénéchal prend la tête. Mais la reconquête ne commence vraiment qu'avec Jean de Blois, comte de Périgord par achat en 1437, qui, depuis le Limousin, entreprend de soumettre les places anglaises :

Beynac-et-Cazenac, surplombé par son château, dans la vallée de la Dordogne.
Photo Claude Feigné.

Campagne, Montréal et le fameux Auberoche. En 1437, les habitants de Domme réussirent à venir à bout du terrible Bertrand d'Abzac. En 1442, enfin, se déplaçant lui-même en Guyenne, le roi Charles VII chasse les Anglo-Gascons du sud du Périgord. En 44, ceux-ci abandonnent Bergerac.

Le 17 juillet 1453, le corps expéditionnaire anglais, appelé par les Bordelais, est battu à La Mothe-Montravel près de Castillon, au sud-ouest du Périgord. Le corps du général anglais Talbot est si défiguré que l'on eut bien du mal à l'identifier[29] !



## Les châteaux du Périgord

Tout au long de cette évocation du Moyen Âge en Périgord, il a souvent été question des châteaux, depuis les mottes jusqu'aux

29. Mathieu de Coucy, *Chroniques*.

forteresses d'Auberoche ou de Beynac. À vrai dire, les ouvrages sur ces « 1 001 châteaux » du Périgord sont nombreux. Mais pour ce Moyen Âge périgourdin, il nous manque encore une belle étude historique sur des châteaux qui privilégierait leur rôle militaire[30]. C'est en faisant le même constat qu'en 1983 Jacques Gardelles proposait quelques axes de réflexion sur ce sujet[31], centrés surtout sur le bâtiment lui-même et la poliorcétique. Il note tout d'abord le petit nombre de forteresses datant des débuts de la guerre de Cent Ans, et le fait que celles-ci ont été le plus souvent détruites ou largement modifiées. Ce qui est déjà un premier axe de recherche.

Avant tout, il faudrait, après un premier inventaire réalisé grâce aux mentions de ces châteaux dans les archives ainsi que par l'analyse de l'architecture, analyser le site des grandes forteresses, ainsi que leurs relais secondaires. Cela permettrait de mieux comprendre ce que fut le quadrillage militaire de ce pays durant tant de siècles de guerres. En effet, il y a beaucoup de « faux amis »: la plus grande partie des manoirs et châteaux du Périgord sont en effet postérieurs à 1453, malgré leurs belles tours crénelées et leurs mâchicoulis. Le décompte des lieux « fortifiés » pris et repris durant cette guerre et mentionnés dans les archives conservées n'est que d'une centaine seulement. Certains lieux reviennent sans cesse, preuve de leur importance: Auberoche, Bergerac, Biron, Carlux, Domme, Excideuil, Limeuil, Mussidan. Enfin, la plupart furent démolis dans les dernières décennies précédant la fin de la guerre: Auberoche, Bannes, Bigaroque, Campagne, Montréal.



30. Les articles des *Rencontres du Périgord* apportent de nombreuses précisions sur ce point. *Rencontres d'archéologie et d'histoire en Périgord,* Pessac, Ausonius Publications.
31. Gardelles, Jacques, « Un semis de châteaux », in *Histoire du Périgord*, ouvrage collectif, Privat, 1983, p.125.

4e partie

# Les temps modernes ou l'emprise de la monarchie

# 08 Renaissance du commerce et venue de nouveaux habitants

## Une nouvelle occupation du sol

Les lendemains presque immédiats de la fin de la guerre de Cent Ans contrastent fortement, sur le plan démographique, avec les débuts du siècle. Quelques rares documents nous montrent alors la diminution du nombre de feux des paroisses de Domme, Blanzaguet, Saint-Saud ou Saint-Astier, où ils ne sont plus que 4 à 5 en 1445[1] ! L'image générale est bien celle d'un pays dévasté, où les terres, faute de bras, tombent en friche, tandis que des maisons et même des hameaux entiers sont abandonnés.

La reprise, que l'on aimerait mieux suivre, arrive avec la paix. Elle s'amorce à peine cinq ans plus tard à Périgueux, comme le montre le graphique de la population établi par Arlette Higounet-Nadal[2].

La grande mobilité de la population est symptomatique de cette période de renouveau. Le Périgord, en de nombreux endroits, paraît bien une terre de reconquête, qui attire des immigrants venus des provinces voisines, moins durement touchées, semble-t-il, par la fin de la guerre de Cent Ans : en premier lieu le Limousin (le vicomte de Limoges n'est-il pas comte du Périgord ?), puis l'Auvergne, le Quercy, l'Angoumois, le Béarn, et, dans une moindre mesure le Poitou, la Bretagne, l'Île-de-France. Ces migrations révèlent au moins deux situations. D'abord, il apparaît nettement que l'opportunité qu'offrent alors le Périgord et l'Entre-deux-

1. Higounet-Nadal, Arlette, in *Histoire du Périgord*, Privat, 1983, p. 147.
2. Higounet-Nadal, Arlette, *Périgueux aux XIV^e^ et XV^e^ siècles*, Fédération historique du Sud-Ouest, Bordeaux, 1978.

Mers s'est diffusée rapidement et même très loin. D'autre part, cela suggère une croissance démographique de ces autres provinces du royaume commencée quelques décennies plus tôt qu'en Périgord.

Des témoignages de ces migrations apparaissent au moins à trois niveaux. Sur le plan local, nous pouvons en suivre le développement dans quelques localités étudiées avec davantage de précision, à Périgueux, grâce aux travaux d'Arlette Higounet-Nadal[3], mais aussi à Belvès[4], Castelnaud ou Berbiguières[5]. La toponymie (en incluant toujours ici le risque de faux amis) témoigne, elle aussi, de cette nouvelle étape de l'occupation du sol : avec des lieux-dits suggestifs, tels Lemouzy ou le Saintongais, sans oublier les nombreux Biarneix (à Léguillac-de-l'Auche par exemple) ou Lavergnat (à Villamblard) et les suffixes en *-ie* de nombreux autres lieux. Cette nouvelle étape de l'occupation du sol contribue à modifier paysages et habitats[6]. L'histoire des familles elles-mêmes, lorsqu'elle est connue, vient confirmer cette tendance générale de mobilité de la population. Ainsi, à Grignols, s'installent à cette époque les Lespine, famille du fameux érudit, venue, nous dit-il, de Flandre[7], bientôt suivis par les Gueydon, arrivés, eux, par étapes du comté de Nice. De nouveaux venus se mêlent aux anciens et pas seulement pour les travaux de la terre. Nul doute que les plus puissants seigneurs laïcs, tels les Talleyrand, qui transforment alors Grignols et y résident, ou les autorités religieuses, tels les abbés de Cadouin, ont dû favoriser ce renouveau.

3. Higounet-Nadal, Arlette, *Familles patriciennes de Périgueux à la fin du Moyen Âge*, Paris, CNRS, 1983.
4. Vigié, L. *Histoire de la châtellenie de Belvès*, Périgueux, 1902 ; Biraben, J.-N., *Aperçu de l'histoire de Belvès*, Belvès, 1966.
5. Lartigaut, J., « Aspects de la reconstruction du XVe-siècle dans les châtellenies de Castelnaud et Berbiguières », *BSHAP*, 1981, p.-201-225.
6. Diot, M.-F. et Laborie, Yann, *Palynologie et histoire urbaine. Essai sur la dynamique du paysage du Ier au XVe siècle autour du site de Bergerac*, Aquitania, 1990.
7. Lespine, abbé de, *Généalogie des Lespine de Lafourcarye*, BNF, Fonds Périgord.

## Échos du renouveau économique

Les étapes du renouveau des activités de production et des circuits commerciaux sont encore mal connues. Sans doute faut-il envisager une modification de la hiérarchie des voies majeures de communication. L'axe sud-est/nord-ouest allant du Quercy à l'Angoumois par le pont de Montignac, qui avait longtemps contourné la Guyenne « anglaise »[8], doit perdre de l'importance alors que se réaffirme l'orientation de la province vers l'estuaire de la Gironde et les Flandres.

Nous avons alors quelques informations sur des activités en plein essor dans la région, dont certaines tout à fait nouvelles. Commençons par évoquer le développement de la navigation commerciale sur la Dordogne. En témoigne à Bergerac la création en 1498 d'une « bourse commune des marchands fréquentant la rivière Dordogne ». Sur un petit affluent, la Couze, s'implantent les premiers moulins à papier, dont la demande est croissante. Le plus ancien date de la fin du XV^e^ siècle : le moulin des Barreaux-Vieux. C'est à cette époque aussi que se développe en Périgord l'industrie des forges grâce à la richesse en fer, bois et eau du pays, grâce aussi à l'introduction d'innovations technologiques[9]. Avec ces forges s'enrichissent des familles telles que les Chapelle et les Arlot, dans le nord, ou les Boucher, sur la Manaurie.

L'industrie du verre s'est aussi développée rapidement : on compte en plein XVI^e^ siècle jusqu'à douze verreries fabriquant du verre de qualité, dit de Venise, exporté en grande partie par l'Isle, à Coutras, vers Bordeaux[10].



8. Fournioux, Bernard, *Montignac au Moyen Âge,* Périgueux, Impr. Fanlac, 2002.
9. Peyronnet, E., *Les anciennes forges de la région du Périgord*, Bordeaux, Delmas, 1958 et Pijassou, R., *L'ancienne industrie du fer en Nontronnais du XVII^e^ à la fin du XIX^e^ siècle* (D.E.S. de géographie), ADD, usuel et J.-Cubelier de Beynac, J., « Énergie et industrie dans la vallée de la Manarie », *BSHAP*, 1979.
10. Arlot de Saint-Saud, comte A. d', « Verreries et verriers du Périgord », in *BSHAP*, t.-LXII, 1940, p. 130-154 et Dusolier, E., « Les anciennes verreries de la Double », in *BSHAP*, t.-LXVII, 194-215, 360-375, 439-449.

## Un renouveau qui se traduit dans l'architecture

Enrichissement, telle semble bien être la caractéristique de cette fin du XV^e et du début du XVI^e siècle, tandis que l'architecture est marquée par l'influence d'un art nouveau venu d'Italie.

Nous sommes ici face à une évolution intéressante qui n'a pas encore rencontré son historien, du moins sous l'angle social. Cette croissance économique en Périgord est portée par des nouveaux venus. Qui sont-ils ?

Le plus souvent, ils sont issus des nombreux métiers du droit, notaires ou membres de juridictions seigneuriales qui gèrent dans le même temps des biens de grands seigneurs ecclésiastiques ou laïcs. En s'enrichissant, ils accumulent terres, droits, fiefs et se constituent domaines et « hôtels » à Sarlat ou Périgueux. C'est le cas des Calvimont, encore notaires et qualifiés en 1460 de « vénérables et sages maîtres », ancêtres d'un ambassadeur itinérant de François I^er en 1520 ; c'est le cas aussi des Laborie. D'où vient cette richesse ? Il semble bien qu'elle vienne de l'agriculture, de terres cultivées dans une période qui connaît enfin la paix, de domaines remis en état, confiés à de nouveaux tenanciers et surtout mieux gérés. Une étude générale montrerait aisément que les noms des élites, du moins de la petite noblesse des juridictions, ont changé. Qu'est devenue l'ancienne ? Elle s'est appauvrie parfois, pour se fondre dans le rang des cultivateurs, tels ces Laronze, qualifiés encore de « donzels » à Léguillac-de-l'Auche au début du XV^e siècle. Depuis que Louis XI a interdit aux seigneurs d'entretenir des garnisons soldées dans leurs forteresses, il faut pour une partie de l'ancienne élite militaire chercher d'autres moyens de subsistance, telles les petites charges locales[11], quitte à refaire surface plus tard.

À cette nouvelle situation correspondent aussi de nouveaux châteaux, dont Gérard Fayolle nous donne la liste dans son *Histoire du Périgord*[12]. D'autres sont enrichis de nouvelles ailes ou de bâtiments, tel Lanquais.

11. Arlot de Saint-Saud, comte A.-d', *La famille du bienheureux Alain de Solminihac.*
12. Fayolle, Gérard, *Histoire du Périgord*, Pierre Fanlac, tome I, p. 213-214

Le château de Lanquais, témoin de la transformation – inachevée – d'un château médiéval dans le style Renaissance.
Photo Henri de Grandmaison.

Quelques forteresses anciennes, dont les bâtiments ont été rasés au cours des guerres ou après la paix, ne gardent plus que leurs terrasses défensives. On y reconstruit parfois de plus humbles maisons fortes, dont une tour escalier dessert les quelques pièces. Maisons ouvertes de croisées, elles sont davantage conçues pour l'agrément que pour la guerre, malgré quelques lignes de mâchicoulis. Tel est Aucors par exemple dans le Mareuillais ou Montréal dans la vallée de la Crempse.

L'art nouveau de la Renaissance apparaît dans les châteaux construits ou embellis à cette époque : Puyguilhem, près de Villars, château des débuts du XVIe, digne de ceux du Val de Loire ; Richemont, œuvre du grand Brantôme ; ou Lanquais, dont l'aile Renaissance, accolée au logis médiéval, n'est pas sans rappeler « la silhouette du Louvre de Charles IX, où le château des Valois se raccordait tant bien que mal avec celui de Charles V » (André Chastel).

Le château de Richemont, où Brantôme se retira pour écrire ses Mémoires.
Photo Henri de Grandmaison.

À cette rapide évocation, il faut ajouter la sculpture qui atteint des sommets avec la Pietà du château de Biron, aujourd'hui exposée au Metropolitan Museum de New York, sans doute œuvre d'un élève du sculpteur bourbonnais, Jean de Chartres.

Le cœur des villes se transforme. À Périgueux, on construit de très nombreux hôtels Renaissance, tels que la maison dite des Consuls, la maison Lambert, la maison du Pâtissier, la maison Estignard ou le logis Saint-Front.

L'Église n'est pas en reste. Comme pour les châteaux, le mouvement de construction commence peu avant 1500. Plutôt que d'œuvres nouvelles, il s'agit surtout de réparations, d'agrandissements, voire de volonté de magnifier les édifices. Si le cloître de Cadouin appartient pour partie au gothique flamboyant, des motifs inspirés de l'Antiquité apparaissent sur le portail de la chapelle des Pénitents Blancs à Sarlat.

Durant cette période, la maison paysanne elle-même accueille un peu plus de confort[13]. La cheminée murale remplace de plus en plus le foyer ouvert, de même que se développe l'usage du pichet d'étain et de l'écuelle de terre.

## Un temps qui reste difficile

Trop parler de la reprise économique fait oublier les aléas climatiques ou épidémiologiques et leurs conséquences sociales. Le début du XVI^e^ siècle est en effet marqué en Périgord par de nombreux malheurs relevés par Jean-Jacques Escande dans les archives municipales de Périgueux, Sarlat et Bergerac[14]. Les disettes des années 1516 poussent des troupes affamées aux portes des villes

13. *Histoire du Périgord*, Fanlac, p.190.
14. Escande, J., p. 249 et suiv.

La galerie de l'ancien évêché à Sarlat, témoin de l'architecture Renaissance.
Photo Guy-Marie Renié.

du Périgord. Celles-ci restent fermées comme l'avaient été celles de Périgueux en 1509 et 1510 face à des bandes de voleurs.

Le plus grand des malheurs est cependant le retour de la peste dans les premières décennies du XVIe siècle, une épidémie qui revient ensuite deux fois encore, au milieu du XVIe puis au XVIIe siècle. Entre 1502 et 1522, elle embrase tout le Périgord. Les survivants ne savent comment s'en protéger. Beaucoup de citadins préfèrent se retirer aux champs en cas d'épidémie importante (quelques volontaires bien rétribués restent néanmoins pour éviter les pillages !). Dans d'autres cas, les pestiférés sont enfermés chez eux, leurs rez-de-chaussée condamnés. On leur fait porter leur nourriture.

Ces périodes de peste, qui font de très nombreuses victimes – en 1523, Sarlat aurait perdu la moitié de sa population – suscitent aussi des actes de grand courage. Ceux du frère Thomas à Périgueux, assistant les victimes, et de Grézel à Sarlat.

## L'humanisme

Comme dans le domaine de l'art, un esprit nouveau souffle alors sur la littérature. Le Périgord y participe activement. À l'origine, il y a bien sûr les influences de l'Italie, dues en grande partie à l'ascendance milanaise des Valois et aux actions menées par ceux-ci au-delà des Alpes, pour essayer de récupérer leur héritage milanais.

Cette influence italienne apparaît dans la redécouverte des auteurs antiques. Ainsi, en traduisant Gatien, en 1548, le Périgourdin Fayard, féru par ailleurs de grammaire latine, enrichit ses notes de nombreuses références à Pline, Silvius, Aece et autres.

Bien sûr, comme l'a bien montré Pierre Barrière dans sa belle thèse sur la *Vie intellectuelle en Périgord*[15], ce développement de la culture et de l'érudition est lié à celui de l'imprimerie.

Vers les années 1490, c'est-à-dire plusieurs années avant que cette technique ne soit attestée à Bordeaux, un certain Jean Carant installe ses presses à Périgueux. Les premiers livres imprimés sont des ouvrages religieux, puis apparaissent, non datées, des *Fables* d'Ésope. Religieux aussi, mais très vite de confession réformée, sont les ouvrages imprimés à Bergerac à partir des années 1566. On est alors entré dans un autre XVIe siècle !

Il paraîtrait outrecuidant d'étudier ici en détail Montaigne et La Boétie, auxquels de nombreux travaux d'érudition ont été consacrés. Évoquons tout de même La Boétie, qui est vraiment un enfant du pays. Comme beaucoup de nos écrivains du Périgord du début de l'époque moderne, il appartient par son père à une famille de magistrats et de juristes, gens cultivés, préoccupés de droit et de justice, habitués à la langue et aux écrits latins et grecs. Lui-même traduit Xénophon, Aristote, Plutarque. En cela, il est bien dans la tradition des penseurs humanistes. Et comme ces derniers, il innove par ses réflexions, sa dénonciation des formes de tyrannie et ses propositions de réformes. On comprend ainsi que ses écrits n'aient pas été publiés par Montaigne dans le contexte des guerres civiles du temps, et que par la suite ils aient fait l'objet de récupé-

15. Barrière, Pierre, *La vie intellectuelle en Périgord*, Delmas, Bordeaux, 1936.

La statue d'Étienne de La Boétie.
Photo Guy-Marie Renié.

ration politique. Citons ici deux œuvres maîtresses, sans doute quelque peu altérées : *Mémoire de nos troubles sur l'édit de janvier 1561*[16] et son célèbre *Discours de la servitude volontaire.*

Par chance pour le Périgord, le Bordelais Michel Eyquem prend en 1570 la décision, après vingt ans de vie active, de se retirer dans son château de Montaigne, situé aux confins sud-ouest de la province. C'est là qu'il commença la rédaction de ses *Essais*, forme achevée des livres de raison, ou du moins des passages de ces livres consacrés à la vie intérieure[17]. Ils témoignent bien de l'esprit du XVI^e^ siècle par ce goût d'écrire qui prend alors tous les grands personnages, et spécialement par le goût des mémoires, dont les *Commentaires* de Blaise de Monluc fournissent un bel exemple. Par sa liberté de ton et de langage, par son goût du conte, et même par celui de la bonne cuisine, les *Essais*, nous dit Pierre Barrière, trahissent les mœurs périgourdines ! Quoi qu'il en soit de ces influences, Montaigne reste pour la postérité l'un des pères de la psychologie et son rôle sur l'évolution des idées fut immense.

Écrivant au milieu des malheurs des guerres civiles qui déchirent la France, Montaigne, tout comme son ami La Boétie dans *Mémoire de nos troubles,* offre un exemple rare de tolérance, de recherche de dialogue, de modération. Du seul point de vue de l'histoire

16. Bibliothèque Méjane à Aix, manuscrit n° 410.
17. I, 35.

Michel Montaigne, l'auteur des *Essais*.
Cl. Bernard Dupuy, ville de Périgueux, coll. du musée du Périgord.

Brantôme, l'auteur des *Vies des dames galantes*.
Cl. Bernard Dupuy, ville de Périgueux, coll. du musée du Périgord.



du Périgord et surtout de la France, Montaigne est surtout celui qui contribua à rapprocher les deux rois adversaires, Henri III et Henri de Navarre, ouvrant la voie à l'édit de Nantes et à l'accession au trône de France du futur Henri IV.

Pierre de Bourdeille[18], abbé laïc de Brantôme, est le troisième grand écrivain du XVIe siècle périgourdin, issu d'une grande famille du centre de la province. Il est sans doute le plus féodal, le moins « moderne », ce qui n'empêche pas la vivacité de sa plume et son

18. Sur Brantôme : Cocula, Anne-Marie, *Brantôme, amour et gloire au temps des Valois*, Paris, Albin Michel, 1986.

goût – très périgourdin – pour l'anecdote. De fait, Pierre de Bourdeille est un aventurier, longtemps disposé à offrir son épée à toutes les bonnes causes. Ainsi se bat-il en Italie, en Écosse et même en Berbérie. Écrivain encore empreint de Moyen Âge, Brantôme n'aime pas les bourgeois et les nobles trop récents. De Montaigne, il ne parle que deux fois, et encore pour s'en moquer.

Sous cet angle, certains de ses écrits apportent un témoignage sur l'esprit de la noblesse d'alors, plus préoccupée de la défense de ses prérogatives que de la défense de notions plus abstraites telles que patrie ou bien commun. Cela apparaît nettement dans son discours : *« À savoir à qui l'on est plus tenu, à sa patrie, à son roy ou à son bienfaiteur »*, discours publié seulement au milieu du XVIIIe siècle en Hollande, ce qui montre bien son caractère subversif.

Savoir en quoi Brantôme est bien, comme Montaigne, un écrivain caractéristique du XVIe siècle, pourrait faire l'objet d'un débat ! Assurément, par son peu d'amour pour le latin et le grec, malgré sa grande fréquentation des Anciens, il ne peut être rangé parmi les humanistes. En revanche, par son désir de se raconter et de dire en vérité les choses vues ou entendues à la Cour ou ailleurs, comme il le fit dans ses *Vies des grands capitaines* et son *Recueil des dames*, il est bien de son siècle. Il a en fait beaucoup de points communs avec l'auteur des *Essais*. Comme lui, il réussit à se tenir à distance intérieure des guerres de Religion, même lorsqu'il était cerné dans son abbaye de Brantôme par les « religionnaires ».

# 09 Les huit guerres de Religion

Du point de vue de l'histoire des idées, les guerres de Religion sont un des fruits amères de la belle période de l'humanisme. Au commencement du XVIe siècle, la mise en place des imprimeries et les travaux des philologues avaient surtout profité à l'approfondissement de la théologie. Dans les années 1530, le Bergeracois Rabier commente Érasme. La Renaissance engendre alors dans toute l'Europe un grand échange d'idées, de correspondances, de travaux érudits. L'ouverture d'esprit si caractéristique de l'humanisme s'accompagne peu à peu de critiques, de remises en cause, de mises en place de nouvelles valeurs entrant en conflit avec les anciennes, enfin de nouvelles formes d'intolérance.

1534 est pour le Périgord la date à retenir[19]. Cette année-là, en effet, la doctrine calviniste apparaît dans la vallée de la Dronne. Sept ans plus tard, à deux pas de la province, à Sainte-Foy, un calviniste, Aymon de La Voye, est condamné à mort et exécuté, pour avoir osé parler en public de sa foi, bravant ainsi l'arrêt du parlement de Bordeaux[20].



19. Cocula-Vaillères, Anne-Marie, « L'introduction de la réforme en Périgord » in *Hommages à Bernard Guillemain*, sous la direction de F. Bériac, CROCEMC, Bordeaux 3 ; Cocula-Vaillères, Anne-Marie, « Catholiques et protestants au sein du clan Montaigne », *Colloque Michel de Montaigne, Jeanne de Lestonnac*, REPA, 2006 ; R. Costedoat, « Les 750 ans de la bastide de Sainte-Foy », in *Les amis de Sainte-Foy*.

20. Lachaud, Jacques Louis, *Bergerac de la préhistoire à nos jours*, Bergerac, Imprimerie générale du Sud-ouest, 1987, p. 151, et *BSHAP*, n° 14, p. 412.

## L'attrait de la religion réformée

Même si nous connaissons par le détail l'histoire des guerres de Religion en Périgord, il y a encore beaucoup à chercher sur les origines de l'engouement des Périgourdins pour le protestantisme.

Nous en restons là encore à des hypothèses. Dans une société profondément religieuse, voire superstitieuse, comme le révèlent les écrits de Montaigne ou de Brantôme, on connaît mal les reproches adressés alors en Périgord à l'Église catholique. Est-elle impopulaire, comme le suppose Gérard Fayolle[21] ? N'est-elle plus adaptée au changement des mentalités ? En ce cas, quelles preuves en avons-nous ? Il est certain que le concordat de Boulogne de 1516, qui laisse au roi de France le droit de nommer les évêques, jusque-là élus par leur chapitre, mécontente plus d'un Périgourdin. C'est le cas à Sarlat avec la nomination de Nicolas de Gaddi, évêque non résident. Le mécontentement concerne surtout l'autonomie de l'Église locale, sans remettre pour autant en cause les éléments de la foi.

Sur le plan géographique, il est important de noter que la progression de cette nouvelle forme de christianisme emprunte en partie les voies de communication. Venant de Bordeaux, le calvinisme semble suivre les voies d'eau, la Dordogne en direction de Bergerac et l'Isle vers Montpon et Mussidan, avant d'essaimer vers les bourgs alentours, Issigeac ou Villamblard par exemple. Comme pour l'histoire des cathares en Languedoc, ce sont encore les axes de communication, voire les marchands qui ont ici ouvert la voie aux idées nouvelles (sans oublier pour autant l'influence venue du nord-est par le Limousin, de Turenne, et celle issue de l'Agenais du sud[22]).

Moins connu est l'engouement de la noblesse locale pour la nouvelle religion. L'historien qui se penche sur les généalogies de la noblesse périgourdine rencontre souvent, au XVI^e^ siècle tout du moins, quelques générations protestantes, ou plus simplement des mariages avec des familles appartenant à l'église réformée. Les

21. Fayolle, Gérard, tome I, p. 214.

22. Costedoat (René), *Le peuple « rebelle » des huguenots de Bergerac, entre despotisme et tolérance*, Guliver, Beauregard-et-Bassac, 1987, p. 14.

archives du consistoire de Mussidan le montrent bien[23]. Plusieurs raisons peuvent être avancées : l'attirance de la noblesse pour tout ce qui peut ressembler à la défense d'une autonomie locale, le jeu des réseaux de fidélité qui fait épouser au simple gentilhomme les idées de son puissant seigneur local et peut-être une ouverture aux idées nouvelles qui reste à analyser.

Quoi qu'il en soit, à partir du milieu du XVIe siècle commence en Périgord une nouvelle période de guerres civiles qui dure plus de cent ans, des premières guerres de Religion jusqu'à celle de la Fronde. En raison des violences et des cruautés continuelles, ce n'est pas l'histoire des affrontements militaires qu'il faudrait pouvoir écrire, mais plutôt celle de la difficile survie de la population périgorde entre 1544 et 1653, en s'appuyant sur les témoignages fournis par les chroniques des villes, ou celle du chanoine de Tarde, écrite à la demande de l'évêque de Sarlat[24].

## Huit périodes de guerres (1562-1598)

Si les premiers incidents commencent en 1544, c'est surtout en 1562, à la suite du massacre de protestants qui a lieu à Wassy-en-Champagne, que les conflits deviennent incessants.

La première guerre a lieu en 1562 et concerne presque tout le Périgord entre Mussidan et Montignac. Chargé de pacifier la région, le lieutenant général en Guyenne, Blaise de Monluc[25], nous décrit dans ses *Commentaires*[26], le sort horrible des protestants battant retraite :

« Les vilains en thuarent beaucoup plus que nous, car la nuit ils se dérobiont pour se retirer en leurs maisons, et se caschaient dedans des bois, mais comme ils estoient descouvertz, hommes et femmes les couroient et ne scavaient ou se cacher. Il fust nombré sur le champ



23. Bibliothèque de l'Arsenal, TT 267/13.
24. Tarde (Jean), *Chroniques*, annotées par le vicomte de Gérard, H. Oudin et Alphonse Picard, Paris, 1887.
25. Larcade (Véronique), *Les capitaines gascons à l'époque des guerres de Religion*, Éd. Christian, 1995, et *Les cadets de Gascogne. Une histoire turbulente*, Éditions Sud Ouest, 2005.
26. *Mémoires de Monluc*, Société de l'histoire de France, tome III, Paris, 1868.

ou dans les vignes et bois de dix huit cent à deux mil hommes mortz, outre ceux que les villageois despeschèrent [tuèrent] ».

L'année suivante, les protestants commandés par Armand de Piles contre-attaquent, s'emparant de Mussidan et de Bergerac[27], où une grande partie de la population préfère rejoindre le protestantisme.

Blaise de Monluc.
Archives municipales de Bordeaux.

Le traité d'Amboise de 1563, qui mécontente à la fois catholiques et huguenots, rend aux catholiques leurs places, cependant en Périgord la situation se dégrade au point de provoquer une deuxième guerre de Religion.

La troisième guerre, lors des années 1567-1570, concerne particulièrement les alentours de Périgueux. Les protestants sont installés à deux pas, au château des Bories. Ils semblent contenus, car plus à l'ouest les catholiques du Périgord dirigés par des Cars réussissent à prendre Mussidan et à capturer les chefs protestants (1569). Cette prise pourtant spectaculaire renforce les protestants dans leur détermination. Dans le nord du Périgord, l'amiral de Coligny prend les villes les unes après les autres, Nontron, Thiviers, Brantôme, La Chapelle-Faucher, où les paysans sont exécutés sans pitié pour l'exemple malgré la demande de clémence de Brantôme.

27. Lacarde (Véronique), *Les capitaines gascons à l'époque des guerres de Religion*, Éd. Christian, 1995.

La quatrième guerre de Religion a pour origine la Saint-Barthélemy, en août 1572. Le Périgourdin Clermont de Piles, et beaucoup d'autres de l'entourage de Henri de Navarre, perdent la vie, sans compter les victimes des massacres de Paris et de la province. Le lieutenant de Clermont de Piles, Geoffroy de Vivant, prend la relève, et réussit grâce à sa technique de guérilla à prendre Sarlat, Domme et Périgueux. À la violence des uns répond celle des armées de la « nouvelle opinion ». Un exemple nous en est donné par le père Dupuy dans sa relation de la prise de Périgueux en 1575[28] : « Le pillage dura trois jours, accompagné de cruautés inouïes, et n'eut pas trouvé de fin que le manque de prendre, sans l'arrivée du vicomte de Turenne et de la Noue, qui, par l'espoir d'un second pillage, fit cesser celui-là. »

La paix est enfin signée à Beaulieu, près de Loches, en 1576, mais Périgueux est reconnue comme l'une des douze places de sûreté protestante. Il est vrai qu'un nouvel axe stratégique s'est mis en place, dont le contrôle est primordial pour les protestants. Rejoignant Montauban et La Rochelle, villes tenues par les protestants, il prend en écharpe le Périgord dont le contrôle s'avère essentiel.

Entre 1575 et 1577, une cinquième guerre, durant laquelle Périgueux a encore à souffrir de nombreuses destructions, se termine par la paix de Bergerac, conclue entre le roi de Navarre, qui demeure dans la ville, et les députés d'Henri III.

Cependant, pas plus que les précédentes, la paix de Bergerac n'est respectée. Aussi débute une septième guerre. Les catholiques, après quelques réussites à Beaumont ou au château de Grignols, sont obligés de négocier. Au Fleix, le roi de Navarre en personne, ainsi que le duc d'Anjou, propre frère du roi, signent une nouvelle paix, le 26 novembre 1580.

Les catholiques du centre du Périgord sont inquiets, car l'accord intervenu laisse Périgueux entre les mains des protestants. Aussi,

28. Cité dans : Pécout, Abbé Théodore, *Périgueux*... Lille, Desclée de Brouwer, 1940, p. 259.

en dépit du traité de paix, montent-ils un coup de main pour reprendre la ville, qui réussit. Une partie de la garnison protestante qui occupe la ville réussit à se réfugier à Bergerac, tandis que les autres, nous disent les jurades de cette ville, « tous en chemise, blessés et fugitifs [vont] par les chemins où les paysans les poursuivent, à la battue ».

Cette victoire catholique, où s'illustre Chilhaud des Fieux, surnommé le « libérateur de la ville » et qui met en péril la paix nouvelle, oblige Henri III à négocier à nouveau avec son cousin Navarre. Contre deux places en Agenais et mille écus d'argent, les choses en restent là, pour le moment.

Viennent ensuite trois années de paix, mais, en 1584, le duc d'Anjou, frère du roi meurt. Henri III n'ayant pas d'enfants, l'héritier du trône est Henri de Navarre, or la majorité des Français ne veut pas d'un roi protestant. C'est dans ces circonstances qu'Henri de Navarre, installé à Bergerac, apprend qu'Henri III et les chefs de la Ligue viennent de signer un accord prévoyant une recrudescence de la lutte contre le protestantisme. Henri de Navarre reprend alors les armes. Ainsi commence la huitième guerre de religion.

1587 est l'année de l'importante bataille de Coutras remportée par Henri de Navarre contre les armées de la Ligue et où meurt leur chef Anne, duc de Joyeuse. Une grande partie du Périgord subit alors le passage des troupes protestantes, qui échouent cependant devant la résistance opiniâtre de Sarlat. Le vicomte de Turenne, qui a entrepris cette malheureuse action de son propre chef, est obligé de lever le siège de la ville.

Les 23 et 24 décembre 1588, les assassinats du duc Henri de Guise puis de son frère, le cardinal Louis de Guise, apportent une nouvelle confusion au sein des catholiques. Ils se partagent alors en « royaux » et « ligueurs », ces derniers prenant même le pouvoir à Sarlat en 1591.

Octobre 1592 marque un tournant dans l'affrontement entre les armées ultracatholiques de la Ligue et celle d'Henri de Navarre devenu roi en 1589 sous le nom d'Henri IV.

À Villemur-sur-Tarn, les armées du nouveau duc de Joyeuse, frère d'Anne mort à Coutras, subissent une grande défaite et le duc lui-même se noie dans le Tarn. Les Périgourdins jouent un rôle essentiel dans ce combat, tel le capitaine du Mas, sieur de La Lande[29], Saint-Ours, sieur de la Bourlie, Malet de la Jorie, gouverneur d'Excideuil. La reconquête du royaume est presque achevée sur le plan militaire. Mais, en fait, seule l'abjuration du protestantisme par Henri IV, en 1593, amène à peu près la paix.

Car la pacification n'est pas achevée et la guerre continue dans la région de Périgueux jusqu'au 12 février 1594, où l'on attend, dans cette région restée très catholique, que le pape lui-même reconnaisse la légitimité et la conversion du roi Henri IV.

« Ce jour-là, rapporte Jean-Jacques Escande, fut close et arrêtée la tresve particulière du pays de Perigort ». Enfin, le 8 avril suivant, jour de Vendredi Saint, les habitants de Périgueux, réunis en assemblée générale à la maison du Consulat, décidèrent "a ung si bon et saint jour faire ung acte et œuvre tout digne que de recognaistre ledy roy de Navarre pour Roy" ».

Le bilan de ces huit guerres ? Ni vainqueurs, ni vaincus ! Mais à travers ce conflit, le Périgord, comme le reste du royaume, entre bien difficilement dans l'époque moderne. L'unité de la société qui avait prévalu pendant des siècles autour du roi et de l'Église est rompue. Le pouvoir politique a vacillé, les États généraux se sont même arrogés des libertés exorbitantes, prétendant mettre en tutelle la monarchie – Henri IV ne l'oublia pas.

Et que dire de l'état de la population, si difficile à appréhender ! L'historien, déjà mal à l'aise devant tant de faits, d'avancées et de reculs, au point de se demander comment en rendre compte, a du mal à effectuer un bilan. Les chroniqueurs qui relatent des épisodes de ces guerres sont forcément partisans. Les chiffres qu'ils avancent, tout comme les « massacres », « ravages », « meurtres » qu'ils évoquent, sont souvent suspects. Il reste là aussi de la place



29. Mémoires de la Ligue, 1758 (Bibl. mun. de Bordeaux)

pour des historiens qui interrogeraient les autres sources, minutes notariales, insinuations, livres de raison !

À lire les jurades et autres livres de communauté, ainsi que les *Mémoires* du temps, ceux de Monluc ou de Vivans, par exemple, peu de localités semblent avoir été épargnées par les méfaits des uns et des autres ou le passage des troupes. Comment a-t-on survécu ? Comment la paysannerie a-t-elle pu faire face aux travaux des champs ?

## Les « tards-avisés »

Mais d'avoir vu durant ces guerres tant d'hommes en armes deci de-là, d'avoir donné un coup de main aux quelques nobliaux locaux ou d'avoir dû défendre son hameau, lors de troubles, a fini par donner des idées à la population rurale. Aussi, poussée par tant d'années de difficultés et par la pression fiscale, cette population rurale de nombreux hameaux périgourdins décide-t-elle à son tour de se soulever en 1594 alors que la paix est enfin là ! Ces hommes se réveillent un peu tard, d'où le nom qui leur est donné et qu'ils reprennent de « tards-avisés ».

En fait, cette révolte, organisation spontanée du monde paysan, prend naissance en 1593 dans la vicomté de Limoges et, de là, se propage d'est en ouest jusqu'en Angoumois.

Des assemblées de paroisses se tiennent alors dans des endroits cachés, forêt d'Abzac, près de Limeuil, ou forêt de Vergt. Ces réunions sont d'entrée suffisamment fortes et nombreuses pour que les participants puissent se considérer comme des assemblées du Tiers-État et rédigent des cahiers de doléances transmis au roi ou aux États du Périgord, dans lesquels sont décrites leurs difficultés et précisées leurs revendications. Mais, dans un premier temps, c'est bien aux paroisses qu'ils s'adressent afin de les inviter à les rejoindre en leur rappelant leurs problèmes communs :

« Le plat pays ruiné entièrement par un grand nombre de brigands, les pauvres laboureurs, après avoir souffert par tant de fois les logis des gens d'armes d'un et d'autre parti, réduits à la famine, vu forcer femmes et filles, prendre leurs bœufs, et fait délaisser les terres incultes, et en ont fait mourir de faim une infinité dans les prisons pour ne pouvoir payer les grandes tailles et subsides que l'un et l'autre parti les ont contraint de payer[30]. »

Fin avril, leur détermination les conduit même à menacer les villes et à leur ordonner de les rejoindre en armes, « autrement vous nous aurez sur les bras dans les troys jours après réception de ces présentes » ! En Sarladais, les nobles décident de se liguer contre ces « croquants » – surnom dont l'origine reste très controversée[31].

Entre mai et août 1594, ces bandes se déplacent dans le Périgord central, essayant vainement d'obtenir de Périgueux des canons et d'assiéger Grignols. Finalement, le 19 août, le sénéchal du Périgord, à la tête de sa compagnie de gens d'armes et de 900 hommes à pied, les attaque à Négrondes et les disperse faisant plus de 100 morts dans la rencontre.

Le mouvement reprend en février 1595, ayant pour centre le sud de la province, à l'intérieur d'un grand espace compris entre Sarlat, Monpazier, Bergerac et Monclar. Les revendications sont renforcées par l'état de disette : « à cause, écrit Palma-Cayet dans sa *Chronologie novennaire*[32], que les croquans s'estans amusés l'année précédente à leurs assemblées et à rouller de lieu à l'autre... n'avaient pas semé les terres » !

Bourdeille, sénéchal du Périgord, vient à bout de cette seconde révolte le 4 septembre 1595 à Condat-sur-Vézère. Enfin une grande assemblée se tient à Montignac, les communautés sont écoutées et il est décidé que les supplications et plaintes du peuple seront portées au roi « comme depuis sa majesté fist », dit Palma-Cayet.

En 1597, pendant l'été, les paysans du Périgord se soulèvent à nouveau dans le même espace de Belvès, Villefranche, Cadouin, mais ils se font manipuler par « un petit homme, depuis maire

30. Advertissement au Tiers-État du Périgord estant hors des villes et forts, BNF, mss fr. 23 194, p. 373.
31. Sans doute s'agit-il de paysans armés de leurs crocs, c'est-à-dire de leurs fourches, selon l'explication proposée par Yves-Marie Bercé.
32. Collection particulière des *Mémoires particulières relatifs à l'Histoire de France*, tome LVII, contenant les *Mémoires de Pierre Victor Palma-Cayet*, XVIe siècle, Paris, rue Serpente, 1789.

de Périgueux », écrit d'Aubigné, qui réussit à opposer entre eux, catholiques et protestants, ce qui finit par diviser leurs forces et met fin à leur action.

À étudier attentivement ces émotions populaires, il est évident qu'elles témoignent d'une grande maturité politique de la part de cette partie du Tiers-État qui prend pour la première fois la parole en cette année 1594.

- D'abord c'est bien au nom du Tiers-État, l'une des trois composantes de l'organisation de la société, qu'elle prend la parole.
- Elles veulent réunir toutes les communautés paroissiales dans leur lutte.
- Enfin, ces assemblées se donnent un conseil.

Voilà pourquoi les nobles du Sarladais prétendent, dans leur appel contre les croquants, « qu'ils ont voulu renverser la monarchie et établir une démocratie à l'exemple des Suisses ».

Pourtant, il n'y a chez ces croquants aucune remise en cause de la monarchie. « Nous vous prions vous armer contre les ennemis du Roi notre Sire » écrivent-ils ! Ces ennemis, ce sont les « inventeurs de subsides » (c'est-à-dire ceux qui sont soupçonnés de créer de nouveaux impôts), les voleurs, les receveurs. Il s'agit là de ceux qui perçoivent les impôts, les nobles aussi et peut-être l'Église à qui est due la dîme, que les paysans révoltés ont arrêté de payer, nous dit l'appel à la résistance des nobles du Sarladais.

Il y a derrière cette attitude des croquants vis-à-vis du roi la vieille idée que l'on cache la vérité au souverain, qu'entre lui et la masse du Tiers-État, il y a tout un ensemble d'agents malhonnêtes. Mais on y devine aussi l'idéal d'une monarchie mieux équilibrée entre une meilleure représentation du Tiers-État et l'autorité royale.

Le roi Henri IV qui écoute les revendications de ces « tard-avisés » et qui connaît bien, pour y avoir vécu, les parties du Périgord qui se sont révoltées, apparaît au premier abord bienveillant : « Jurant son ventre saint gris et gossant à sa manière accoutumée que s'il n'eut point esté ce qu'il estoit, et qu'il eut eu un peu plus de loisir, il se fut fait volontiers crocan ».

En mai 1594, Henri IV octroie à ces communautés la remise des arrérages de rentes de quelques années et fait même réaliser une enquête en Périgord par le conseiller d'État Boissise sur l'attitude de certains nobles qui auraient doublé ou triplé les rentes féodales.

Enfin, au travers de tous ces mouvements, c'est aussi une partie de la noblesse qui est mise en cause. Il est vrai que faisant par fonction profession des armes, celle-ci compose la troupe du sénéchal du Périgord chargé de réprimer les émeutes populaires.

Précisons que le soulèvement de ces « tards-avisés » en cette année 1594 n'est pas fortuit. Deux situations fiscales distinctes concourent alors à inquiéter la population rurale. D'une part le retour à l'ordre, qui entraîne la reprise régulière du prélèvement des impôts, plusieurs fois interrompu pendant les guerres, d'autre part les difficultés financières de la noblesse, qui l'incite à faire rentrer honnêtement ou non le plus d'argent possible !

# 10 Dans la France des Bourbons

L'arrivée sur le trône de France d'une nouvelle branche des « robertiens », lointainement apparentée aux Valois, n'est pas un fait divers. Les Bourbons, la paix revenue, veulent redonner au roi l'aura et le pouvoir qu'il a en partie perdus depuis des décennies : redonner de l'éclat à la personne du roi, rétablir l'autorité de l'État, assurer l'ordre, deviennent la priorité des nouveaux souverains.

Malgré son très court règne, Henri IV prend des décisions qui, en Périgord comme ailleurs, marquent les esprits :

- La proclamation de l'édit de Nantes qui assure aux protestants liberté de culte et places de sûreté.
- La création d'une chambre d'appel de l'édit (installée à Nérac) destinée à trancher les difficultés opposant catholiques et protestants. Au hasard des archives de cette chambre, toujours conservées, apparaissent de nombreux noms périgourdins[33].
- Vis-à-vis de ceux qui l'ont servi, Henri IV n'est pas ingrat comme le seront certains de ses successeurs. Il anoblit, au besoin réhabilite ses fidèles : en Périgord, les Girard, les Jay, les du Mas, et sait récompenser.
- Mais, en même temps, par son règlement des tailles de 1598 et les édits qui suivent, il entreprend une recherche de noblesse afin de soulager les taillables.

33. Voir notre étude, *« Le Périgord à la chambre de l'édit de Nantes à Nérac »*, *BSHAP*, t.-CXXV, 1998, pp.189-194.

- Il entend également soumettre la noblesse. En 1602, il fait décapiter dans la cour de la Bastille le duc de Biron, accusé d'avoir comploté avec la Savoie et l'Espagne contre le roi. Cette décision est durement ressentie en Périgord et fait l'objet d'une chanson populaire. En 1605, le roi découvre la conspiration du duc de Bouillon, fomentée contre lui et qui poursuivait les mêmes desseins. Alors que Bouillon est réfugié à l'étranger, une partie de ses complices sont capturés et jugés à Limoges où se trouve le roi en personne. Ils sont décapités sur place, tel Paul de Commarque portant au cou un écriteau avec ces mots : « Traître au Roi et à son État ».

En 1610, Henri IV est assassiné, et le duc de la Force, présent dans le carrosse, emporte en son château de la Force le poignard dont personne ne veut.

La mort du roi vient interrompre une courte période d'équilibre en Périgord entre catholiques, protestants et gens du plat pays, toujours prompts à s'indigner et à se soulever.

En 1610, le nouveau roi Louis XIII n'est encore qu'un enfant, et, derrière, la reine, promue régente, pousse le clan ultracatholique, composé de Français, d'Italiens et d'Espagnols. Une époque bien différente s'ouvre ainsi en ce début du XVIIe siècle.

## Le renouveau catholique

En 1545-63, en effet, au milieu du siècle précédent, et à la suite de nombreuses séances de travail et d'interruption, le quasi-enfermement des membres du concile dans la ville subalpine de Trente a permis à l'Église catholique, si critiquée au début du siècle, de réfléchir sur l'essentiel de sa doctrine et de se donner des priorités d'action. C'est ce que l'on a appelé la réforme catholique qui porte ses fruits au XVIIe siècle, appelé le « siècle des saints ». Certains d'entre eux ont une grande influence en Périgord : Charles Borromée, Vincent de Paul, Alain de Solminihac, Jehanne de Chantal.

À l'exemple de ce qu'a initié justement en Italie Charles Borromée, les évêques de Périgueux et de Sarlat, résidant dans leurs diocèses, se mettent alors à visiter leurs paroisses, dans le but de redonner de la dignité aux églises, aux cérémonies religieuses et de contrôler le travail des curés et vicaires.

Dans son cahier pastoral de 1626, l'évêque de Périgueux, Monseigneur de La Béraudière, note qu'il ne rencontre que des églises ruinées, que les ornements utilisés sont indignes et les calices, de simples vases d'étain. Il y a beaucoup de travail pour redresser l'Église du Périgord. C'est d'ailleurs de ce XVIIe siècle que date la majorité des retables, ces panneaux finement décorés, installés au-dessus des autels afin de magnifier les cérémonies liturgiques, et d'encadrer le tabernacle contenant le Saint Sacrement, tels ceux d'Excideuil, de Saint-Romain, de Nantheuil, de Jumilhac-le-Grand[34].

Ce renouveau de l'Église catholique atteint aussi les congrégations. Alain de Solminihac, chanoine de saint Augustin, qui prend la suite de son oncle à la tête de l'abbaye de Chancelade, en entreprend la réforme. Il en fait, en quelques années, un lieu de spiritualité renommé. Nommé plus tard à la tête de l'évêché de Cahors, il s'y signale aussi par ses visites pastorales et le désir de témoigner d'un christianisme davantage centré sur la personne du Christ.

En Périgord, la reconquête spirituelle prend différentes formes :

- Création d'œuvres pieuses et charitables du Saint-Sacrement, comme celle de Périgueux, dont Alain de Solminihac est l'initiateur et qui est à l'origine, semble-t-il, de l'hôpital du Saint-Sacrement. Elles essaiment même en milieu rural, telle la confrérie du Saint-Sacrement de Manzac.
- Développement de confréries de pénitents à Périgueux, à Sarlat, à Montignac dès 1624. Vêtus d'une cagoule, cachant leur identité, les pénitents s'occupent des processions, de l'enterrement des plus pauvres ou vont en pèlerinage à Cadouin ou même à Rocamadour, essayant par leurs prières et leurs actions de sauver

34. Pommarède, Pierre et photographie de Jacques Brachet, *Le Périgord des églises et des chapelles oubliées*, Pilote 24, Sabadel (Espagne).

la ville d'une épidémie, d'extirper « l'hérésie », de ramener la paix entre les chrétiens.

- Les villes semble être revenues, en ce début du XVIIe siècle, d'un point de vue du catholicisme, à l'époque du « beau Moyen Âge », entre l'an mil et le XIIIe ! En effet, l'Église accroît peu à peu sa présence dans l'espace urbain par l'intermédiaire des grands ordres religieux. Les premiers, en ce début de XVIIe siècle, sont les Récollets qui s'installent dès 1613 à Sarlat à la demande des habitants, non sans quelques heurts avec les Cordeliers. À Bergerac où ils sont présents en 1619, ils sont bien moins appréciés de la population protestante, d'où les injures à la campagne ou en ville, les prêches interrompus, les jets de pierres ! Mais, après le passage de Louis XIII à Bergerac, leur situation s'améliore.

Ce XVIIe siècle qui commence voit aussi le développement de l'art de l'homélie qui fait se déplacer vers les prêcheurs renommés toute une foule de chrétiens exigeants. C'est le cas le dimanche mais aussi pendant le carême. Cela donne lieu parfois à des conflits entre congrégations surtout lorsque les Jésuites, nouvellement installés à Bergerac, veulent en 1623 supplanter le prêcheur récollet.

De ces homélies périgourdines, retenons celles de l'évêque de Sarlat, Jean de Lingendes, qui prononce en 1643 l'oraison funèbre de Louis XIII et qui inspira Bossuet.

Ainsi ce début du XVIIe siècle est bien celui du renouveau et de la reconquête catholique, dont témoigne l'ouvrage du père Dupuy, *L'Estat de l'Église en Périgord,* offert solennellement aux maire, consuls et à la communauté de Périgueux, le 13 octobre 1629, et qui précède d'un an le manuscrit de Jean Tarde sur la *Chronologie de l'Église de Sarlat.*

Bien sûr, il est possible d'étudier la réforme catholique, de l'extérieur, sous l'angle d'une reconquête des âmes, à condition de ne pas exagérer les aspects de cette contrainte. Car il ne faut pas négliger la dimension spirituelle de cette époque, celle qui anime saint Jean de la Croix, saint François de Sales, et qui guide l'action d'un Vincent de Paul, père de l'action humanitaire envers les enfants trouvés ou afin de soulager les misères de la Lorraine, père spirituel aussi d'Alain de Solminihac.

Enfin, cette évolution des esprits ne doit pas faire oublier les misères du temps, qui reviennent à certaines périodes de façon lancinante : crues de la Dordogne en 1615 ou peste dite de Boulogne qui fait plus de 10 000 victimes en Périgord entre 1631 et 1634.

## De la reprise des révoltes protestantes à l'entrée de Louis XIII à Bergerac

Les protestants, qui maintiennent une fragile ligne d'union allant de La Rochelle aux Cévennes en passant par Montauban, sont inquiets de l'évolution de la monarchie et de son alliance de plus en plus nette avec l'Europe catholique.

De façon semble-t-il plus partiale, l'abbé Théodore Pécout[35] écrit à propos de ce nouveau soulèvement des protestants : « Le mariage de Louis XIII avec l'infante d'Espagne à Bordeaux, en 1615, fut l'occasion d'une nouvelle reprise d'armes avec les huguenots. Le soulèvement fut dirigé par le duc de Rohan ; de là le nom de guerre de Rohan donné à cette levée de boucliers. Ce fut un brigandage atroce que les religionnaires exercèrent en nos contrées, particulièrement depuis les rives de la Dordogne jusque et inclusivement à la Chartreuse de Vauclaire. Ils semèrent partout le pillage, le meurtre et l'incendie, et s'acharnèrent à tout souiller et détruire dans les châteaux, les églises et autres monuments. »

En fait, dans le Sud-Ouest, c'est surtout le duc de la Force, « vice-roi de Navarre », et son fils le marquis de Castelnaud, gouverneur de Bergerac, qui prennent la plus grande part dans cette nouvelle guerre de Religion. Tenant Bergerac au milieu de 1621, ils se livrent à des expéditions dans la région comme ce fut le cas pour Grignols en mai de cette même année[36].

« Le château de la Lande fut pillé et saccagé pendant les guerres civiles », est-il écrit en 1783 dans une correspondance adressée à

35. Pécout, 1840, p. 284.
36. Les Caumont étaient alors seigneurs de Mussidan.

l'abbé de Lespine[37], « et en 1621 au mois de mai par les ennemis, de la religion prétendue réformée (sic), conduits par le seigneur de la Force. Ils étaient 15 nombres (sic) (mille ?) qui faisaient leur logements depuis Montpond, Puynormand, Saint-Marceau, Mussidan, Voclaire, Lille (Lisle) jusqu'à Grignols. François de la Genèbre fut alors capitaine au château et fort de Grignols pour le service du Roi ».

Ces renseignements sont très précis. Il doit s'agir ici d'une ligne de défense nord-est des protestants à l'époque où ils s'appuient encore sur Bergerac.

Le roi Louis XIII, âgé alors de seulement 20 ans, marche contre ces révoltés, après avoir pris difficilement Saint-Jean-d'Angély. Le 5 juin 1621, les armées protestantes sont repoussées par M. de Vignoles commandant les armées du roi[38]. En voyant le souverain se rapprocher de Bergerac, le duc de la Force s'enfuit tandis que la jurade, inquiète, envoie au roi une délégation de consuls pour l'assurer de l'obéissance de Bergerac. Louis XIII les accueille, leur pardonne et déclare qu'il veut voir la ville.

En cinq jours, Bergerac qui l'a échappé belle, prépare une réception grandiose au roi, qui nous est contée en détail dans les archives de la jurade. Mais le roi, bien que magnifiquement reçu, tient à mettre en scène à cette occasion toute la majesté de sa fonction, faisant défiler devant lui ses cent gentilshommes ordinaires, les pages de la Grande écurie, cinquante suisses de la garde ordinaire, tambours battant et fifres jouant. Puis, précédant le roi, accompagné de M. le Prince, sous le dais, vingt-quatre trompettes sonnant haut et clair, puis d'autres suisses et pages, les officiers principaux de la couronne et de l'armée suivis de plus de 3 000 seigneurs et gentilshommes. (sic)

« Un nombre infini de peuple affluait de toute part pour voir sa majesté » nous disent encore les *Annales de Bergerac.*

37. Bibliothèque nationale, fonds Périgord n° 152.

38. Vignoles La Hire, Bertrand de, « Mémoires des Choses passées en Guyenne ès années 1621 et 1622 sous Messieurs les Ducs de Mayenne et d'Elbeuf ». *La Rochelle, Adrian Tiffaine et Louys Chesneau, 1629.* in-4. 62 pp.

Démonstration donc de magnanimité, mais aussi de grandeur royale dont il ne faut pas sous-estimer la portée. Louis XIII est venu ramener Bergerac à l'obéissance. Aussi ordonne-t-il, avant de partir, la démolition des remparts de la ville et la construction d'une citadelle sur le bord de la Dordogne, en un point commandant la ville et la rivière. Mais, le 2 septembre 1629, comme Bergerac traîne à s'exécuter, il fait enfermer douze otages de la ville dans le château de Nérac. La ville presse alors les travaux, et le 17 janvier 1630, trois mois seulement plus tard, Bergerac finit par s'exécuter. Elle peut aussi se libérer du puissant régiment de cavalerie du duc d'Épernon de la Valette logé dans la ville, un régiment composé de nombreux Périgourdins qui vient de participer à la reddition de La Rochelle.

En 1629, Louis XIII a déclaré « qu'il souhaiterait qu'il n'y eut de places fortifiées qu'aux frontières de son royaume, afin que le cœur et la fidélité de ses sujets servissent de citadelle et de garde de sa personne ». La destruction des remparts de Bergerac, tandis que ceux de Périgueux, ville fidèle, restent debout, s'ajoute à la destruction du château de Bigaroque, ordonnée par Richelieu, en 1625.

## Émeutes fiscales et révoltes des croquants

La situation dans le royaume devient encore plus difficile après l'entrée de la France dans la guerre de Trente ans, en 1635. Dans la région, la guerre a comme théâtre d'opérations les Pyrénées, que défend le prince de Condé appuyé par le duc de la Valette parti là-bas avec son régiment de gens d'armes. Avec la guerre revient la pression fiscale et son corollaire en Périgord comme en d'autres provinces : les soulèvements populaires.

Pour commencer, signalons que la grande révolte des gabelles de l'Angoumois et du Bordelais a un écho à Périgueux, à l'occasion de la fête qui y est célébrée en juin pour célébrer la victoire gagnée en mai sur les Espagnols. Des émeutes éclatent qui s'en prennent aux « prétendus gabeleurs », en partie employés dans les bureaux de l'élection. Les bourgeois réussissent à canaliser les habitants des faubourgs ainsi que les paysans des environs, mais les émeutiers rassemblés place du Coderc, furieux du droit d'augmentation imposé sur les paroisses, manquent de tuer le maire mais se rabattent sur son clerc, assommé à coups de hache, d'épée, etc., et jeté dans le puits du Coderc. Peu de temps après cet événement dramatique, les deux meneurs sont pendus sur cette même place du Coderc.

Deux ans séparent ces événements du grand soulèvement des croquants de 1637. La raison en est, là encore, l'augmentation des impôts. À leur tête, car ils sont bientôt plusieurs milliers, se portent quelques petits nobles du sud du Périgord, dont certains sont protestants. Leur chef, un certain La Mothe La Forêt, prétend agir comme général des communes soulevées du Périgord.

Forts d'environ 8 000 hommes, ils se rendent maîtres en mai 1637 de la ville de Bergerac, désormais dépourvue de remparts, et sont écrasés peu de temps après à La Sauvetat-du-Dropt, au prix de lourdes pertes des deux côtés. Une partie de ces révoltés résiste en vain à Monpazier au mois d'août, puis la sédition reprend en pleine forêt de Vergt. Là, ces nouveaux croquants se donnent pour chef un paysan ne parlant que le bas gascon, recherché pour meurtre et nommé Pierre Grelety. Pendant cinq années, ces révoltés réussissent à échapper à tout ratissage de la forêt par les troupes du roi, soutenus par la population locale ou rançonnant les domaines.

En 1642, à la suite de négociations proposées par Richelieu en personne, Grelety se rend et rejoint les armées du roi en Italie.

Comme pour Bergerac, le roi a su pardonner… et manque de soldats !

## La Fronde

À peine le calme est-il revenu que reprend la rébellion de la haute noblesse. Le contexte est particulier. Louis XIII et Richelieu sont morts. Le nouveau roi Louis XIV a seulement cinq ans. Or le régime monarchique en France supporte très mal les minorités royales. La reine, qui est une étrangère, n'arrive pas à s'imposer à la famille royale, à la noblesse et à l'ensemble de ses sujets. Par ailleurs, Mazarin, choisi pourtant par Richelieu, est détesté par l'opinion. Qu'a-t-il fait ? Seulement défendu l'autorité du roi et la vision d'une monarchie forte, centralisée, se méfiant de la noblesse. Il est vrai que cette dernière voit dans l'attitude adoptée par la monarchie depuis plusieurs décennies une atteinte à la constitution naturelle du royaume. Le roi, selon elle, doit naturellement s'appuyer sur ses nobles et, en cas de minorité royale, c'est à un prince du sang d'être régent, non à une reine d'origine étrangère !

Sur place, l'installation à Bordeaux d'un intendant provoque le mécontentement du second ordre aquitain. Celui-ci voit bien qu'avec le renforcement de l'administration, les grandes fonctions vont peu à peu lui échapper.

1648 marque le début des « mazarinades », pièces de vers satiriques, imprimées et largement diffusées, dénonçant le plus souvent la politique de Mazarin.

C'est dans ce contexte que Condé, prince de sang, chef de guerre, cadet sans apanage, à peine libéré de prison où il a été enfermé en 1649, réussit à s'imposer à Bordeaux en y chassant le gouverneur, Bernard d'Épernon. La princesse de Condé a précédé de quelques mois cette aventure. S'appuyant sur la vicomté quasi indépendante de Turenne, en Limousin, elle y constitue une grande troupe d'hommes d'armes qui s'embarque sur la Dordogne. Aux environs de Bergerac, l'armée du roi est durement défaite. On se serait cru revenu aux pires moments de la féodalité.

La dureté, la complexité de la guerre de châteaux qui a lieu, a de quoi décourager beaucoup d'historiens et de lecteurs. Cette période, en effet, ne le cède en rien en misères et atrocités à la guerre de Cent Ans ou aux guerres de Religion, mais elle dure peu.

Sans doute peut-on y voir deux périodes :

Au cours de la première, le prince de Condé, auréolé de ses victoires militaires contre les Espagnols et servi par l'impopularité de Mazarin qui vient de créer de nouvelles taxes, réussit à s'imposer facilement en Périgord. Même Bourdeille, sénéchal du Périgord, réussit à rejoindre son parti. En octobre 1649, Bergerac est sous son contrôle. Le 14 octobre, Périgueux, pourtant si fidèle au roi pendant des siècles, accueille Condé en grande pompe. Ce dernier en profite pour rassembler tous les bourgeois et leur faire jurer « l'union » contre Mazarin. Le 18, il réussit non sans mal à faire jurer l'union par Sarlat, qui se rétracte dès le 7 décembre.

En fait, seul le nord du Périgord, dont Nontron, reste parfaitement fidèle au roi et à son armée que commandent Sauvebœuf et Harcourt.

En 1652, l'armée royale reprend l'offensive avec plus ou moins de réussite, en attaquant à Bergerac, Sarlat et autour de Périgueux, à Lardimalie et Léguilhac. Mais un grand chef frondeur est à l'œuvre en Périgord : le capitaine Balthazar, qui pille Saint-Astier en juillet et prend aux Talleyrand leur château de Beauséjour à Saint-Léon. En juin1652, ce même Balthazar défait à Montanceix, avec ses 13 000 cavaliers, l'armée royale qui compte plus de 12 000 cavaliers et autant de soldats d'infanterie.

Pendant quelques mois, les armées de Condé semblent à nouveau l'emporter. Le Sarladais est devenu le nouveau théâtre de cette guerre locale et la ville de Sarlat elle-même est contrainte de se rendre le 1er janvier 1653.

Cependant, dans la nuit du 24 mars qui suit, cette ville réussit à faire entrer dans ses murs 300 mousquetaires et à neutraliser les frondeurs. « Vive le Roi ! vive Candalle ! vive les bourgeois ! » cria-t-on dans les rues de Sarlat à cette occasion[39]. Au nord de la province, les armées du roi contre-attaquent. Dans la nuit du 10 au 11 août 1653, le marquis de Sauvebœuf, à la tête des troupes royalistes, s'empare avec sa brutalité habituelle du château de Puyguilhem, « traitant indignement la dame » du lieu et sa sœur « la demoiselle de Nantheuil mise toute en sang à coups d'éperons ».

Il ne reste plus aux frondeurs que le petit réduit de Périgueux. Mais, le 16 septembre 1653, le procureur Bodin réussit à tuer dans la ruelle du Plantier le commandant frondeur de la ville, Chanlost. La garnison de Condé préfère alors se rendre et sort de la ville sans drapeaux ni armes.

39. Gérard, Gaston de, *La Fronde à Sarlat.*

Le duc de Candalle, représentant du roi, vient de Bordeaux parfaire la pacification du Périgord, condamner une trentaine d'habitants de Périgueux trop compromis avec la Ligue des Princes, ordonner d'abattre à nouveau les murailles de Bergerac qui ont été relevées sur ordre de Condé et récompenser la fidélité de Nontron par une exemption d'impôts.

Le procureur Bodin, « libérateur de Périgueux », est anobli et doté d'une pension de 2000 livres sur les revenus de l'élection.

C'en est fini de cette « nouvelle guerre de Cent Ans » (1562-1653), pour reprendre l'expression d'Anne-Marie Cocula. Le Périgord entre enfin dans une longue période de paix.

Qui pourrait mieux décrire la misère de ces temps de guerre que le procès-verbal qui suit, dressé le 23 octobre 1653, au lendemain de la pacification du Périgord, « de la ruine advenue en la dite paroisse [de Villamblard] à cause de tant de fréquents logements de gens de guerre qui ont esté faite dans icelle » ? Suit la liste des passages et logements de troupes :

- l'armée du roy commandée par le seigneur de Sauvebœuf allant du siège de Montanceix à Bergerac,
- puis le régiment de cavalerie de Saint-Abre (trois semaines),
- le régiment de cavalerie de La Rocheledon, Roquelaure et Merenville, 1800 chevaux (trois jours),
- le régiment de cavalerie de Rougades (deux jours),
- à nouveau le régiment de Roquelaure (trois jours),
- le régiment d'infanterie de Bretagne, 800 hommes (trois jours),
- le régiment d'infanterie d'Irlandais (15 jours) qui fit « mille désordres tant en brûlement, vollement de fenaux, ruptures de maisons et autres excès »,
- l'armée du roi commandée par Monseigneur le duc de Candalle s'en allant du côté de Périgueux, « aurait passé et logé dans la dite paroisse de Villamblard qui fut cause que la plus grande partie des habitants d'Icelle ne purent amasser leurs blés ayant été contraints de quitter et abandonner leurs maisons et prés. Ainsi la plus grande partie des dits blés auraient été mangé par les dits gens de guerre et le reste se serait perdu et gâté, comme

aussi les dits gens de guerre ont pris et enlevé dans la dite paroisse de Villamblard tout le petit bétail comme brebis et pourceaux, ensemble la plus grande partie des bœufs, vaches et veaux, si bien que la plus grande partie des terres labourables de la dite paroisse demeure inculte et sans semer, de sorte que presque tous les habitants d'icelle sont réduit à mendicité et par le moyen de tout… la paroisse de Villamblard est entièrement ruinée et sans espérance de se pouvoir de longtemps relever[40]… »

## Louis XIV et l'unité du royaume

Ainsi, de l'accession au trône d'Henri IV en 1589 à la fin de la Fronde en 1653, il aura fallu plus de 60 ans à la nouvelle dynastie des Bourbons pour rétablir l'ordre en France et imposer une nouvelle conception de l'État. Certes, il n'y a pas eu de rupture brutale avec la politique précédemment menée par les Valois. Depuis le concordat de Boulogne de 1516, par exemple, comme il a été précisé plus haut, les collèges de chanoines[41], jadis si importants, ont perdu le pouvoir d'élire les évêques en Périgord et ailleurs. Depuis, c'est le roi lui-même qui désigne les évêques et cette alliance entre la monarchie et l'Église, patente au XVII^e^, permet cette lente reconquête des esprits. Le nouveau prêtre, plus digne, plus instruit, issu de milieux plus aisés qui sort du grand séminaire de Périgueux au XVII^e^ siècle est aussi un agent du roi. En chaire il donne des nouvelles du roi et de la cour et lit les textes officiels, comme il tient aussi en français, et de mieux en mieux, les registres de catholicité. S'il ne s'y soumet pas, il peut y être contraint par huissier !

En fait, ce qui caractérise le plus cette nouvelle phase du vieux régime monarchique, c'est la mise à l'écart, plutôt que la suppression réelle, de tous les modes de représentation et d'expression des trois ordres de la société.

40. Archives départementales de la Dordogne, J 1927.
41. Loupès, Philippe, *Chapitres & chanoines de Guyenne aux XVII^e^ et XVIII^e^ siècles*, Éditions de l'École des hautes études en sciences sociales, 1985.

Les États du Périgord ne sont plus réunis depuis 1614[42]. Avec quelques chevauchements de dates, car la juridiction de l'élection existait déjà à Périgueux à la fin du XVI^e^, le Périgord cesse d'être un pays d'État pour devenir un pays d'élection. Il perd ainsi la possibilité d'agir sur sa fiscalité.

Par ailleurs, au niveau du royaume, les États généraux réunis le 27 octobre 1614, et dans lesquels on fit siéger le roi Louis XIII âgé seulement de 14 ans, ont laissé un bien mauvais souvenir.

Aux exigences des grands du royaume avait répondu celle du Tiers-État qui avec fermeté avait réclamé la réduction des pensions « effrénées » versées à la noblesse, demandé la suppression des abus de l'Église et défendu l'autorité absolue et le droit divin du roi contre les prétentions de la noblesse à régner sur lui et celles des papes à le déposer. C'était là une révolution inattendue. Finalement, sans avoir obtenu d'autres résultats que de freiner les exigences des grands seigneurs, l'assemblée des États généraux avait été dissoute en mars 1615[43].

Le roi Louis XIV, bien instruit par Mazarin, n'oublie rien de ces atteintes au pouvoir royal. Mais il entend agir seul. Père de son peuple, consacré comme un évêque au moment de son sacre, sûr d'être le représentant de Dieu sur sa terre, il fait confiance à ses agents, les intendants, qui le représentent dans chaque généralité. Sur place en Périgord, ce n'est plus sur le gouverneur ou le sénéchal qu'il s'appuie à partir du milieu du XVII^e^ siècle, mais sur des personnages qui commencent à apparaître vers 1666, les subdélégués et commissaires de l'intendant dans les élections de Périgueux et de Sarlat. Ces subdélégués sont officiellement établis en 1704 à Périgueux, Bergerac et Sarlat, avant d'être plus tard multipliés.

Peu à peu, le Périgord, région que l'on redoutait un peu, comme l'exprime l'intendant Jean de Lauson dans sa lettre au chancelier Séguier datée de mars 1644, devient une province dont l'intendant



42. Archives diocésaines de la Dordogne, voir aussi : Archives nationales, États du Périgord, papiers Prunis et BNF, fonds Périgord : États du Périgord.
43. Tapié, Victor-L., *La France de Louis XIII et de Richelieu*, Flammarion, 1967.

souligne les ressources et pour laquelle, à la fin du siècle, dans une période de grande difficulté, il sollicite « la bonté du Roy ».

La situation a bien changé.

## Une noblesse deux fois recherchée

Au début de l'année 1661, le roi Louis XIV a alors 22 ans et s'apprête à gouverner le royaume de façon directe. C'est le moment qu'il choisit pour mettre la noblesse de son royaume au pas. Par son édit du 8 février 1661, il entreprend une grande recherche de la vraie et fausse noblesse du royaume : la recherche Colbert, du nom de son intendant des Finances, qui se réjouit, dit-on peu d'années plus tard, d'avoir renvoyé à la taille 40 000 prétendus gentilshommes.

En Périgord, sur 500 familles environ portant dans les actes les qualifications de chevaliers, écuyers et nobles, réservées à la noblesse, seules 260 sont maintenues dans leur noblesse ; quant aux condamnés pour usurpation, l'on ne sait s'il s'agit là de condamnations de personnes ayant indûment pris des qualifications nobles ou ayant réussi à se soustraire abusivement à la taille. L'édit de 1661 a en même temps révoqué toutes les lettres de noblesse et les maintenues accordées depuis 1600. En fait, la confirmation de noblesse de toute cette catégorie dépend de l'avis discrétionnaire de l'intendant. Le bilan de cette recherche nous donne une moyenne de deux condamnés et d'un peu plus d'un véritable noble par paroisse. Cette politique de recherche de la noblesse a eu ainsi pour effet de diminuer le nombre de « nobles » de 35 %.

Cette première recherche de noblesse est suspendue par l'édit de 1671, pris par le roi pour arrêter le zèle et les injustices des commis des contrôleurs. Elle reprend entre 1696 et 1718 dans un contexte très différent. Le roi Louis XIV est alors engagé dans des guerres très coûteuses. Le but de cette nouvelle recherche pour la monarchie est de récupérer le plus d'argent possible. Aussi ne sont assignées que les personnes oubliées durant la première recherche ou ayant rencontré des problèmes au cours d'elle. Le but officiel est de leur vendre très cher des lettres de confirmation, voire de nouvelles lettres de noblesse, au prix de 6000 livres (prix alors de deux corps de métairies), quitte à les annuler peu de temps après. La dureté de l'administration royale au cours de cette recherche apparaît dans les suppliques de la famille Bodin, descendant du « libérateur » de Périgueux sous la Fronde, ou dans celle des Girard, descendant de l'organisateur de la défense héroïque de Sarlat, en 1587, finalement maintenus contre le paiement de 4500 livres.

En définitive, la noblesse du Périgord qui sort de ces deux grandes recherches n'est plus la même que sous Louis XIII. C'est une noblesse profondément renouvelée, dans laquelle le roi a fait entrer les lignages de magistrats qui servent la monarchie depuis plus d'un siècle, dans les présidiaux, les sénéchaux et les élections, et qui s'efforcent, après des générations passées dans des offices de robe, d'envoyer leurs fils dans les armées du roi.

C'est une noblesse tranquille, désormais soumise au bon vouloir du roi. C'en est fini de la noblesse frondeuse, de ces deux frères de Montesquiou qui, en 1653, avaient enfermé pendant deux jours le lieutenant de l'élection de Sarlat, Grézel, dans la grotte du Peuch, pour le rançonner, ou de Bernard de Commarque, condamné à être roué vif en 1673 pour assassinat. Rattrapé au pied de son château de Beyssac, il y fut tué par la maréchaussée, avant que son château lui-même ne soit démoli en 1679 par décision de l'intendant !

## La révocation de l'édit de Nantes et ses conséquences

Consolider l'unité de la France à l'extérieur comme à l'intérieur est bien la priorité de Louis XIV, mais de toutes ses décisions, celle de révoquer l'édit de Nantes est la plus sévèrement jugée par les historiens, malgré les nuances apportées par François Bluche, en 1986[44].

Certes, malgré cet édit qui paraissait pérennisé par près d'un siècle d'existence, les protestants dans le royaume n'ont jamais été considérés comme des sujets à part entière, et jamais le pasteur

44. Bluche, François, *Louis XIV*, Paris, Fayard, 1986.

n'a possédé un rôle officiel équivalent à celui du curé dans sa paroisse.

Dans la décision du roi Louis XIV d'interdire en France la pratique de la religion réformée apparaît l'influence de Madame de Maintenon, épousée secrètement, singulière influence de la part de la petite-fille d'Agrippa d'Aubigné, ami d'Henri IV et ardent partisan de la Réforme, elle-même un temps protestante !

À vrai dire, les persécutions commencent bien avant la Révocation. Les premiers édits antiprotestants sont de 1679, date de la suppression des chambres mi-parties, dites de l'édit, évoquées plus haut. En Périgord, Jean-Jacques Escande note les premières persécutions des années 1680[45]. En avril 1682, des régiments de cavalerie viennent loger chez des protestants de Bergerac et, en septembre de la même année, le parlement de Bordeaux interdit l'exercice de la religion protestante dans Bergerac et sa juridiction. La démolition du temple commence dans le mois qui suit.

Le moment le plus fort de la persécution a lieu en août 1685 avec l'entrée de deux nouveaux régiments dans cette dernière ville puis de nouvelles troupes à la fin du mois. Toud provoquent une grande panique. En masse, plutôt que de subir les violences des soldats logés chez eux, les calvinistes abjurent par écrit[46], tandis que d'autres prennent le chemin de l'exil, ce qui entraîne la destruction de leurs maisons. Pendant ce temps, le colonel de Larrey se charge de convertir les campagnes entre Agen et Sarlat. Ce n'est qu'en octobre 1685, croyant l'affaire terminée, que le roi, par son édit de Fontainebleau, révoque officiellement l'édit de Nantes.

En Périgord, la persécution des calvinistes se poursuit. En 1700, le duc de la Force, fils et petit-fils des grands chefs de la religion réformée, se charge d'obliger les protestants récalcitrants à assister

45. Escande, J.-J., *op. cit.*, p. 454.

46. Voici un exemple d'abjuration : « Le 15 novembre 1692, Jean Laborde, âgé de 26 ans, natif du village Delpeuch, paroisse de Rasimet en Guienne, valet de Monsieur Deausassan, capitaine commandant au régiment de Monbun, étant dans son lit malade, a fait abjuration de l'hérésie de Calvin et promis vivre et mourir dans la religion catholique apostolique et romaine en présence de Me Barez, vicaire du présent Terrasson, Jean Ginbaut, chirurgien de la Cie, Philippe de Jean, trompette en la compagnie, qui ont signé avec moi et non Laborde pour ne scavoir de ce faire interpellé, Guibaud, Filipe de ian, Bareze. P. B. Chaussat (ou Baunac) curé de Terrasson » (ADD 5e 541/1, document aimablement communiqué par Madame Sarlat).

aux prêches des missionnaires. Le 12 décembre 1700, après avoir employé la manière forte, il informe le roi de la conversion de Bergerac, mais à quel prix ! Familles séparées, protestants récalcitrants envoyés aux galères, leurs femmes tondues et enfermées dans des couvents, leurs enfants réputés bâtards et instruits dans la religion du roi. Combien sont-ils à abjurer ? 10000 ? 50000 ? entre 3 et 16 % de la population du Périgord peut-être.

Alors commence « l'Église du désert » : l'Église réformée survit dans le sud du Périgord de façon clandestine et est toujours persécutée au milieu du XVIIIe siècle, tels ces Jean Raymond, Jean Borie et Pierre Castang, envoyés à perpétuité aux galères en 1754 pour avoir assisté à une assemblée réformée à Rouillac, dans la nuit du 11 au 12 août 1753.

Conséquence inattendue de cette persécution : des liens se tissent entre les familles restées à Bergerac et les descendants de leurs membres réfugiés en Hollande, puis aux États-Unis, tels les Eyma – liens commerciaux qui favorisent l'exportation des vins doux de Bergerac.

Mais avant d'avancer plus avant dans ce XVIIIe siècle périgourdin, retenons ici le célèbre passage du *Mémoire* de Vauban, à propos de la révocation, qui fut rédigé en 1689[47] :

« La révocation a causé beaucoup de maux à l'État. Ceux qu'il a causés sont la désertion de cent mille personnes de toutes conditions, sorties du royaume, qui ont emporté avec elles plus de trente millions de livres d'argent ; la perte de nos arts et manufactures particulières qui attiraient en France un argent très considérable de toutes les contrées d'Europe ; la ruine la plus considérable du commerce ; il a aussi grossi les flottes ennemies de huit à neuf mille matelots et les armées ennemies de cinq à six cents officiers et de dix à douze mille soldats... Une quantité de bonnes plumes ont déserté le royaume et se sont cruellement déchaînées dans toute l'Europe contre la France et la personne même du roi, par une infinité de libelles diffamatoires. À l'égard des restés dans le royaume, on ne saurait dire s'il y en a un seul de véritablement converti... »



47. Vauban, *Mémoire pour la défense des huguenots*, 1689.

# 11

# Un XVIIIe siècle paradoxal

« Qui n'a pas vécu au XVIIIe SIÈCLE n'a pas connu la douceur de vivre » aurait dit Talleyrand, Périgourdin d'origine, sinon de fait. Cette phrase laisse des historiens perplexes car beaucoup d'entre eux pensent que c'est dans ce siècle même que se situent les raisons de la Révolution de 1789.

Est-il symbole de raffinement, ce siècle dont témoigne l'œuvre du peintre Vigée-Lebrun, aux portraits figés dans des moments d'harmonie et d'équilibre – des êtres, des couleurs et des décors – et dont témoignent aussi les mots d'esprit de Chamfort ? N'est-il au contraire qu'une mise en cause progressive d'un ordre social et politique qui éclate dans les passions de l'affaire Calas ?

Ce sont ces multiples facettes du XVIIIe siècle qu'il faut montrer en Périgord.

## Difficultés économiques et révoltes[48]

À vrai dire, d'un point de vue climatique, ce siècle commence bien difficilement. « Il y eut, nous dit Étienne Florimond-Gebe[49], un orage accompagné de pluie et de grêle qui dura neuf jours pendant lesquels le tonnerre ne cessa de gronder ; la foudre tomba en plus de soixante endroits de la ville de Périgueux » ! Ceci est plus qu'une anecdote. Nous sommes alors, en ce début XVIIIe siècle

48. Sur l'état du Périgord à la veille du Périgord, lire l'étude à la fois générale et très précise de Guy Mandon : « Quelques hypothèses sur l'état économique et social du Périgord à la veille de la Révolution », in *Le Périgord Révolutionnaire BSHAP,* supplément de 1989, p. 477-505.

49. Archives nationales, K 1237, papiers Florimond-Gebe : pièces pour servir à une description historique du royaume (Bordeaux, noblesse, commerce, clergé).

dans la période la plus difficile de ce que les chercheurs appellent le « petit âge glaciaire » (1400 à 1850).

Cette situation climatique ne fait que renforcer la misère de la population, dont nous avons des preuves depuis l'année 1693 : difficultés agricoles, maladies (plus de 30 000 morts par an), emprise accrue de la pauvreté, et même émigration des Périgourdins vers Bordeaux et les Îles. L'hiver de 1709 est le plus rigoureux : même les vignes, les arbres fruitiers et les châtaigniers – « l'arbre à pain » des Périgourdins – gèlent, situation extrêmement rare. L'hiver 1710 n'est guère plus clément.

Dans un des rares documents de l'élection de Sarlat qui subsiste[50], on voit des gentilshommes utiliser leur droit de faire exploiter en exonération d'impôts une métairie « à leur main », « par valets vivant au pot-au-feu », c'est-à-dire chez eux, afin de permettre à une famille au moins de métayers d'être soulagée des impositions. Parmi ces nombreux gentilshommes, l'un d'entre eux, Jean de Camain, écuyer, explique « que tous ses biens ont tellement souffert la présente année, par la gelée… ».

L'époque est sans doute mal choisie pour créer un nouvel impôt sur les actes de mariage et de baptême. C'est pourtant ce que fait la monarchie, toujours engagée dans les guerres extérieures. Or, nous l'avons vu plus haut, la conjonction des difficultés populaires et de la pression fiscale a souvent poussé le Périgord à la révolte. En 1707, c'est à l'occasion de cette nouvelle taxe, qui aboutit quelques années plus tard à des procédures de reconstitution d'actes de baptême, que le Quercy se révolte. En mars, la révolte atteint Sarlat, à nouveau mise en état de défense par la famille de Gérard de Barry. Les paysans révoltés sont repoussés et lorsque le gouverneur de Guyenne, à la tête de l'armée du roi, atteint la vallée de la Dordogne, tout est déjà rentré dans l'ordre. Ainsi s'achève en Périgord cette troisième guerre des « croquants »[51].



50. ADD 3 C 9.

51. Voir Bercé, Yves-Marie, *Histoire des Croquants, Étude des soulèvements populaires au XVIII*e *siècle dans le Sud-Ouest de la France*, Genève, Droz, 1974.

## Une économie médiocre ?

À en croire le *Mémoire sur l'élection de Périgueux*[52], véritable rapport administratif et œuvre sans doute d'un subdélégué de l'intendant, le Périgord, au XVIIIe siècle, contraste alors par sa pauvreté avec les autres parties de la Guyenne. En fait, ce qui apparaît surtout dans ce *Mémoire*, c'est l'état déplorable des communications qui isole grandement la région.

Ce jugement sévère, celui d'un serviteur de l'État, soucieux de développement, de prospérité, de recettes fiscales, est cependant modéré par les notes de voyages des contemporains, tel le *Journal des tournées* de François de Paule Latapie, inspecteur des manufactures, datant de 1778.

Une économie médiocre sans doute, si l'on prend ce mot en son sens véritable signifiant « moyen ». Pourtant, on ne meurt plus de faim en Périgord même si la population rurale (95 %) vit parfois à la limite du seuil de subsistance. Avec la fin du « petit âge glaciaire », c'est-à-dire en milieu de siècle, la population s'accroît pour atteindre 400 000 habitants environ à la fin du siècle.

Donc, plutôt que d'une agriculture médiocre, il s'agit d'une agriculture traditionnelle, voire immobile, mais dont les rendements se dégradent sans doute au cours du siècle[53]. Cependant, à y regarder de plus près, la situation n'était pas uniforme d'une région à l'autre de la province.

## Les nuances du paysage agricole

Il est courant d'opposer en Périgord, région de transition entre Massif central et Bassin aquitain, différentes régions et paysages. Cette situation s'explique en partie par le sous-sol mais aussi par le voisinage de provinces bien différentes, créant des opportunités commerciales. Le fond du tableau est celui d'une polyculture reposant sur de petites exploitations.

52. ADD 3 C 3, doc 1, legs de Valbrune.
53. Mandon, Guy « Quelques hypothèses sur l'état économique et social du Périgord à la veille de la Révolution » in *Le Périgord révolutionnaire*, supplément au tome CXVI du *BSHAP*, 1989, p. 477-506.

Ainsi le nord de la province, plus humide, est-il alors une région d'élevage, très liée au Limousin voisin. Juste au sud, dans les terrains calcaires, le vignoble, disparu aujourd'hui, s'étend de Brantôme à l'Auvézère et donne un vin largement exporté vers le Limousin. On oppose aussi à l'ouest le Landais et la Double, pays pauvres, peu peuplés, et son voisin le Ribéracois, riche de ses céréales.

En fait, c'est surtout le Bergeracois qui, jusqu'au dernier quart du siècle, contraste par sa « richesse » avec le reste de la province grâce à son vignoble, qui fait figure « d'oasis de prospérité[54] ». Malheureusement, son vin, exporté par la Dordogne (ponctuée de nombreux péages[55]) vers l'Europe du Nord[56], connaît une crise commerciale à partir de 1750, crise renforcée quelques années plus tard, en 1776, par l'édit de Turgot qui instaure la libre circulation des vins dans le pays.

Somme toute, le bilan d'ensemble n'est pas si négatif. Pourquoi alors le *Mémoire sur l'élection de Périgueux* cité plus haut nous expose-t-il que « l'agriculture y est encore à son premier âge[57] » ?

Il s'agit encore largement d'une économie autarcique. Reconnaissons seulement que le simple fait de subsister est déjà un progrès par rapport au XVIIe siècle. L'introduction du maïs, qui devient au milieu du XVIIIe siècle une des bases de l'alimentation paysanne, y est sans doute pour beaucoup. Les villes, et notamment Périgueux, qui concentrent les activités de services (tribunaux, élections, clergé) et une forte proportion de rentiers, nobles ou non, accaparent les activités productrices par le grand nombre de leurs biens fonciers, métairies, bois et prairies exploités à mi-fruits ou affermés. Cette catégorie importante de propriétaires exige un

54. Combet, Michel, *Jeux de pouvoirs et familles ; les élites municipales à Bergerac au XVIIIe siècle*, Fédération historique du Sud-Ouest, Aubenac, Paragraphic, 2002.
55. Cocula-Vaillières, Anne-Marie, « À partir du livre-journal de Jean Babut, marchand de Bergerac », in *SHAP*, t.-XCIV, 1972, p. 136 et suiv.
56. Cocula-Vaillières, Anne-Marie, *Un fleuve et des hommes. Les gens de la rivière de Dordogne au XVIIIe siècle*, Paris, Taillandier, 1981.
57. ADD 3C3.

travail et une production agricole prenant régulièrement le chemin de la ville pour assurer leur subsistance.

Aujourd'hui, la situation économique du Périgord au XVIIIe siècle ne nous est connue que de façon incomplète. Pour aller plus loin dans sa connaissance, il manque à l'historien une étude précise sur la fiscalité[58], à commencer par des monographies sur les cotes de la taille à partir des registres, qui sont assez bien conservés, ainsi que des études sur les niveaux de fortune de la paysannerie réalisées à partir des minutes de notaire. Ainsi pourrait être mieux comprise la situation du Tiers-État des campagnes !

À défaut de posséder aujourd'hui des monographies précises, proposons ici quelques axes de réflexion :

## La « propriété » privilégiée en Périgord

Tout d'abord, le poids de la noblesse et des privilégiés dans les paroisses périgourdines, au lieu d'être prépondérant, paraît plus limité. Un indice nous en est donné par un *Mémoire* relatif au « premier département des paroisses de l'élection de Périgueux[59] » qui décrit les paroisses, les seigneurs résidant ou non, et donne parfois le nom des privilégiés, le montant de la dîme et surtout le nombre de paires de bœufs, de métairies, de borderages et de moulins appartenant aux privilégiés. Plus bas figure le nombre de feux et de cotes taillables.

En lui-même, ce document permettrait de cartographier la présence économique de ces nobles et privilégiés dans l'élection. Ainsi, à Bassillac, proche de Périgueux, ville dont les privilégiés étaient exempts de taille, il y avait 100 paires de bœufs dont 70 privilégiées, à Saint-Pierre-de-Chignac, 150, mais seulement 25 privilégiées. À Granges-d'Ans, le rapport est de 50/16, à Eyzerac 26/21, à Etouars 30/1, à Saint-Paul-de-Serre 27/11.

En définitive, c'est près de 35 % des attelages, dont 35 % des métairies et sans doute de la surface agricole utile qui « appartien-

58. La dîme écclésiastique du XVIIIe siècle a fait l'objet d'un TER de Guy Mandon en 1970 (Université Bordeaux III, direction M. Braure).
59. ADD 3C3.

nent » alors à la noblesse, au clergé ou à la catégorie sociale des « privilégiés » (bourgeois et commensaux).

## Différences sociales et vie quotidienne dans les campagnes

Est-ce à dire que le reste de la population, c'est-à-dire les agriculteurs propriétaires, forme une catégorie homogène ? En fait, les cotes de taille montrent de grandes différences de fortune au sein du Tiers et révèlent une stratification sociale bien différente de celle que suggère la division du royaume en trois ordres.

Ainsi, un simple sondage dans des registres de contrôle des actes nous montre de nombreuses ventes de parcelles de terres, de « lopins » entre agriculteurs. Indépendamment des grands domaines des privilégiés, plus rarement vendus, il y a tout un ensemble de terres souvent situées dans des mêmes secteurs de paroisses qui changent de mains. Ce sont de petits biens dont la valeur unitaire se situe autour de 100 livres[60]. À l'occasion de ces ventes, preuve encore qu'elles ne leur « appartiennent pas », les « seigneurs fonciers perçoivent des droits de mutation d'un niveau important.

Quoi qu'il en soit, l'image du pauvre métayer, prolétaire et misérable, a besoin d'être révisée. Certes, on trouvera de telles familles, et toute une catégorie de « bordiers », de domestiques agricoles, de « limousins », se déplaçant vers le sud à l'occasion des récoltes. Mais on rencontre également des métayers et des fermiers qui possèdent en biens propres quelques pièces de terres ou de vigne qu'ils trouvent le moyen de travailler, en plus du reste. Le droit de les travailler est parfois inscrit dans les « baillettes ». En définitive, c'est bien à cette épaisseur, à cette complexité du quotidien qu'il faut rendre la mémoire.

Quelques points restent à éclaircir sur le métayage : les métayers restent-ils de nombreuses années de suite sur place ou bien

60. Par exemple : vente d'un lopin de terre entre métayers de Genébriéras (par. de Manzac) et Neuvic à Enguinan (par. de Saint-Léon) pour 120 livres. Reymondie, notaire à Saint-Léon, le 20 septembre 1781 (ADD 11C 2311).

lorgnent-ils les meilleures terres, les meilleurs domaines, dans lesquels leurs voisins gagnent davantage ?

Près d'un an à l'avance, vers Noël, des candidats vont voir les maîtres et leur font miroiter leur expérience, leur courage, leur sérieux. Après s'être renseigné et s'il est d'accord, le propriétaire passe avec les futurs métayers des conventions, parfois seulement mentionnées sur le « livre-journal » du domaine.

Entre fin août et novembre, le métayer entre dans les lieux : lui et sa petite famille, ou deux frères, deux ménages de sœurs et beaux-frères, parfois une mère et sa fille, sans doute aussi de vieux parents ou tantes ! La charrette contient les effets promenés toute une vie d'une métairie à l'autre, ce qui montre la pauvreté et la précarité de cette existence

En entrant dans les lieux, le bail passé devant notaire, ou plutôt la baillette passée avec le maître, précise de façon minutieuse les devoirs de chacun, en un accord conclu, « moitié perte, moitié profit » :

- pour le maître : les semences, y compris pour le potager et la nourriture des bêtes, le cheptel, parfois une ânesse et son ânon pour les transports, les outils aratoires, les éléments en fer, ainsi que de quoi les remplacer en cas d'usure ;
- pour le métayer : les partages à faire. Par exemple, après la moisson sur l'aire de battage, mille détails relatifs aux châtaignes, à utiliser ou à payer au maître, au bois mort à prendre ou non, à terre ou sur les arbres, les arbres fruitiers à planter, à tailler, et la nature des fruits, les volailles, par exemple douze poulets et douze chapons à livrer à période régulière au maître, y compris les œufs (environ douze douzaines par an pour une métairie simple !).

La spécificité de chaque métairie apparaît au détour d'une phrase : là il a un beau troupeau de moutons, là des cochons, ici le maître met des ruches, là encore le maître entreprend avec son métayer un élevage d'oies, mais c'est à lui de fournir les oisons !

Pour l'entrée dans les lieux, comme pour la sortie, on fait parfois appel à un expert. Quelqu'un de l'endroit, que l'on aimerait mieux connaître. Il évalue les bêtes, leur santé, leur âge, les semences, et dit s'il y a perte ou profit en fin de bail.

Parfois aussi, des métayers partent de nuit, emportant la cheville de fer de l'attelage, ou sont mis à la porte pour avoir été pris à voler du vin dans la cave du maître. La justice seigneuriale n'est pas loin, dont les archives sont bien conservées. Il y a encore des prisons à Grignols, et un « concierge des prisons[61] » !

Les baux ou baillettes de métayage contiennent aussi des clauses qui paraissent bien léonines. Ainsi en est-il des charrois de bois que le métayer est obligé de faire pour son maître et surtout des corvées mentionnées sans précision de jours, de période, et dépourvues de rémunération. Il y a là une survivance du système seigneurial, même si les « usages » devaient quelque part définir ces obligations « contractuelles ».

Pour autant, le métayer n'est pas un simple valet, comme veut le prétendre André de Fayolle dans sa *Topographie du Périgord* datant du début du XIX$^{e}$ siècle[62]. Le rapport n'est pas seulement de subordination : un contrat bien précis, nous l'avons vu, fait l'inventaire des obligations et devoirs de chacun. Les critiques sont ailleurs et Fayolle, impatient lui aussi de la modernisation de l'agriculture, n'a pas peur de les indiquer : paresse des métayers, dissimulation par eux d'une partie de la récolte, manque de formation aussi de ces derniers, et surtout absence de sécurité qui empêche ces agriculteurs de s'investir dans leur métairie. Dans une économie qui paraît immuable, peu de maîtres se donnent la peine d'investir en retour dans les métairies une partie des revenus. C'est en ce sens que l'on peut dire que la rente foncière quitte la terre pour aller nourrir la ville.

Le métayer est-il le plus mal loti de tous les travailleurs périgourdins de l'Ancien Régime ? Ce n'est pas sûr. Pire aurait été le travail des ouvriers des grandes forges, payés à la tâche, au quintal de fer produit, ou par lieue parcourue lors du transport des produits



61. ADD 11 C 2314, Lavignac, notaire, 17 octobre 1783.
62. Édition de la SHAP, 1939.

finis, et pire encore était la situation des journaliers, notamment dans la vigne.

Quelques riches et influents propriétaires préoccupés de l'agriculture traditionnelle de la province cherchent cependant à la faire évoluer. Ils ont lu ou connu Quesnay dont la *Physiocratie*, parue en 1768 chez l'éditeur Dupont de Nemours, prétend que la richesse d'une nation repose fondamentalement sur l'agriculture.

Henri Bertin, ministre de Louis XV et enfant du pays, puisqu'il est né à Périgueux en 1720, essaye bien de développer la culture du ver à soie en Dordogne, dont il avait découvert la valeur comme intendant du Lyonnais, mais il introduit surtout la culture de la pomme de terre, qui prend en 40 ans une telle importance qu'elle sauva, dit-on, le Périgord de la famine qui sévit en France quelques décennies plus tard, en 1816 et 1817. Citons encore, parmi les innovateurs, le curé du Bugue, Jacques de Minard, en son domaine de Cendrieux. En Périgord, ces physiocrates se seraient réunis au château de Sauvebœuf, chez le père du futur Mirabeau.

De tout cela, il restera aussi une attention plus importante accordée à l'entretien des arbres fruitiers, si importants alors en Périgord, à commencer par le noyer.

Henri Bertin, ministre de Louis XV, introduisit la culture de la pomme de terre en Périgord.
Coll. château de Montréal.

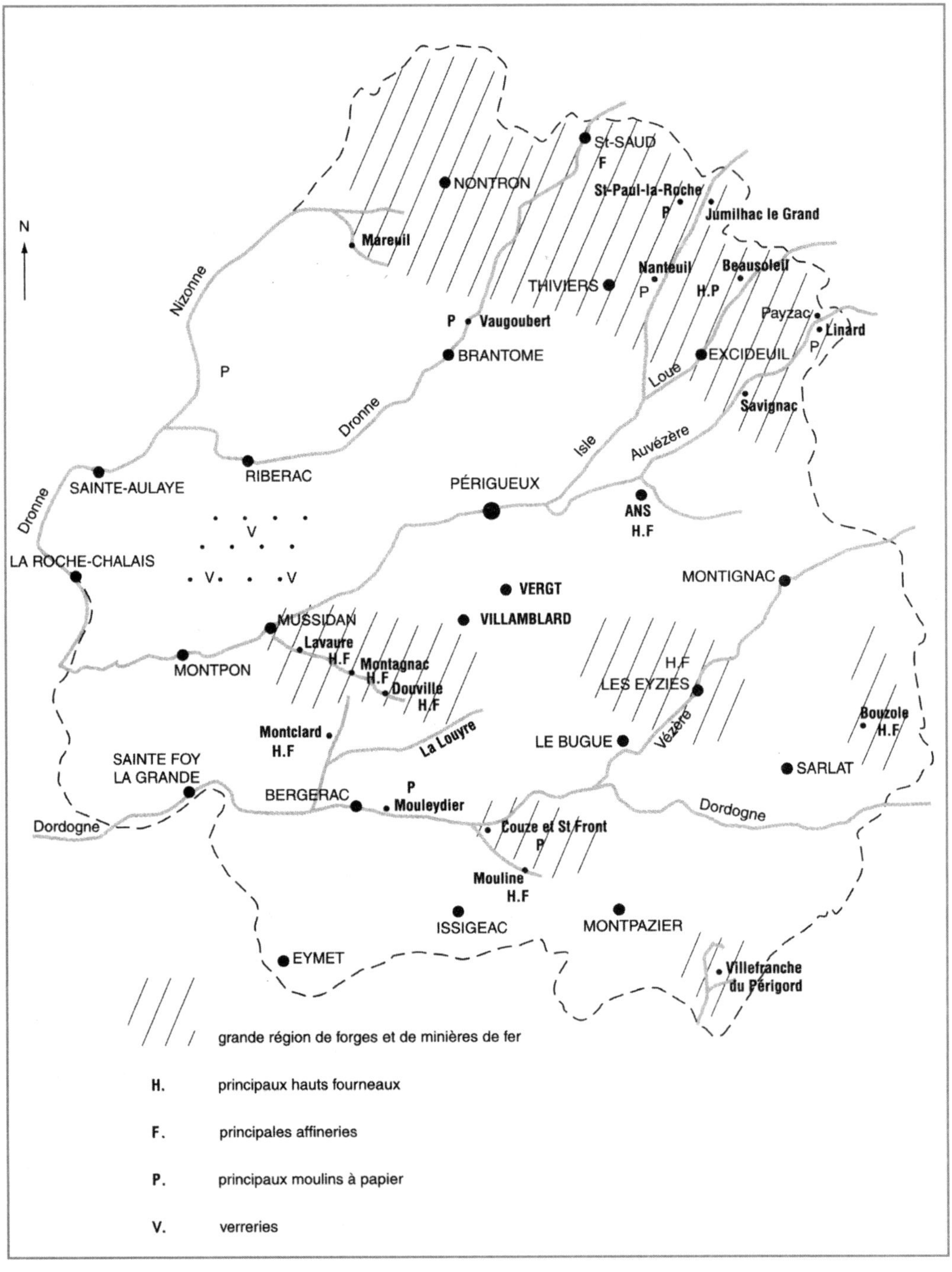


Carte succincte des principaux centres d'industrie en Périgord au XVIII<sup>e</sup> siècle.

Source : G. du Mas des Bourboux, *Le Périgord des « nobles » bourgeois du XVIII<sup>e</sup> siècle*, Pilote 24 Édition.

## Une des régions « industrielles » du royaume

Les études précises, qui se sont multipliées au XXe siècle[63], donnent l'impression d'un pays affairé tant sont nombreuses les activités industrielles ou, plutôt, « préindustrielles » !

Soixante-treize grandes forges existent en Périgord à la fin du XVIIIe siècle, appartenant en quasi-totalité à la noblesse. La présence de minerai de fer, d'eau et de forêts (de plus en plus exploitées, il est vrai !) permet, depuis le XVe siècle au moins, de développer une belle industrie de forges, produisant du fer et de la fonte. Du Périgord partent des canons, produits selon les normes royales, tirés par des charrois sur les chemins boueux de la région vers Rochefort où ils sont testés ! L'industrie du Périgord peut rivaliser avec celle d'autres provinces, le Nivernais ou la Lorraine par exemple. Une concurrence se développe, venant d'Allemagne, de Russie, de Suède.

En second lieu viennent les moulins à papier établis le long des cours d'eau de l'Isle, de l'Auvézère, de la Couze (berceau de la papeterie dans le Périgord), de la Dronne ou de la Lizonne[64].

À cela, il faut ajouter trente-cinq poteries de qualité ordinaire[65], une importante activité de tannerie, coutellerie, de textile en de nombreux ateliers situés au Bugue, à Brantôme, à Bourdeille. Enfin, dans la Double, subsiste une vieille activité de verrerie qui subvient tout juste aux besoins locaux[66].

## Des nobles, des privilégiés, et de la bourgeoisie foncière

Au XVIIIe siècle, nous l'avons vu, près d'un tiers de la terre du Périgord est contrôlé par la noblesse. Sa situation financière, en

63. Villepelet, R., « Notes et documents statistiques sur l'industrie en Périgord au XVIIIe siècle et pendant les premières années du XIXe siècle », *BSHAP*, t. XXXIX, 1912, p. 341 et Fénelon, P. « À travers le Périgord au XVIIIe siècle », *BSHAP*, t.-LXIV, p. 276-281.
64. Simon, Abbé, *Couze et Saint-Front*, Bergerac, Imprimerie générale du Sud-Ouest, 1950. ; Dusolier, E., « Contributions à l'histoire de certains moulins à papiers de la basse Lizonne et du Périgord au XVIIIe siècle », in *BSHAP*, t.-LXIX, p. 229-239 et 305-315.
65. Villepelet, *op. cit.*
66. Arlot de Saint Saud, Aymard d', « Verreries et verriers du Périgord », in *BSHAP*, t. IXII, 1940, p. 130-154 ; Dusolier, E. « Les anciennes verreries de la Double » in *BSHAP*, t. LXVII, I, p. 194-215, 285-301, 360-375 et 439-449.

ce dernier siècle de l'Ancien Régime, et dans l'attente du travail d'Olivier Royon sur l'élection de Sarlat, n'est connue que de façon globale. Là encore, il faut se garder de stéréotypes.

L'inégalité sociale, puisqu'il s'agit bien de cela, repose en grande partie sur des inégalités de fortunes, sur des différences de statuts liés à la naissance, sur des modes de vie et des comportements différents.

Il faut bien reconnaître que les plus grandes fortunes appartiennent à la noblesse du Périgord, à ces vieux noms issus du Moyen Âge que sont les d'Abzac, Saint-Aulaire, Beynac, Gontaud Biron, Segonzac, etc. Mais ne retenir qu'eux serait une erreur. La noblesse compte, en fait, au moins trois catégories.

- D'abord, celle qui vit à la Cour et qui vient d'être reçue, ou cherche à être admise, dans les fameux « carrosses du Roi ». Il faut pour cela prouver une noblesse antérieure aux premiers anoblissements connus à l'époque, c'est-à-dire avant 1400. Les preuves faites, on peut accompagner officiellement le roi à la chasse dans un de ses carrosses empruntant les allées d'une des forêts royales. Au même moment l'épouse est, devant la Cour, présentée officiellement au roi. Cela se maintint longtemps, car la dernière à avoir cet honneur est la « comtesse de Paysac », en 1790[67]. Pour ceux-là, la vie à la Cour coûte cher. Le plus souvent, un régisseur gère les biens sur place. Ainsi partie, ayant perdu le contact avec ses domaines, la famille noble qui ne rend plus de menus services à ses « manants » cesse de se faire apprécier. L'absence est sur ce point néfaste !
- En second lieu, une noblesse moins fortunée envoie encore ses aînés à l'armée, qui reviennent avec le grade de capitaine et la croix de Saint-Louis.
- Enfin, loin derrière, une foule de gentilshommes restés au pays, chasseurs vivant de maigres revenus, d'où sortent encore quelques gardes du corps, mais qui ne peut s'acheter de lieutenance, ni supporter un train de vie en ville.

67. Archives nationales, O1 1 829.

Il arrive que ces trois catégories de noblesse se rencontrent au sein de mêmes familles, au hasard des branches et de leurs rameaux, comme chez les Chauveron ou les Malbec. Il y en a de franchement pauvres, voisins de la misère.

Ces différences de revenus apparaissent dans le montant des dots réunies des deux conjoints. Celles-ci sont comprises en moyenne entre 10 000 et 220 000 pour la noblesse, à l'époque où des armateurs de Bordeaux dotent leur fille d'un demi-million. Mais en Périgord, à la même époque, les dots des marchands vont de 4 000 à 40 000 livres, et celles des journaliers de 60 à 3 700 livres[68] ! Et que dire de cette Nadal qui, en épousant le cuisinier du château de Burée en 1714, lui apporte en dot « 180 livres, une brebis et un agneau[69] » ?

Aux yeux des taillables, les nobles viennent en tête de tous les privilégiés par leurs exemptions fiscales, qui, à l'origine, compensaient les défenses faites par eux pour le service des armes. Mais ces services, depuis les derniers bans de Louis XIV, sont en fait effectués librement par une noblesse qui, s'en fait un devoir ! Il n'empêche qu'ils correspondent à un véritable « impôt du sang »[70].

Face à la taille, la noblesse du Périgord n'est pas traitée de la même façon. Personne n'eut inquiété un Hautefort ou un Saint-Astier. En revanche, comme l'écrivait Marcel Marion : « Posséder quelque chose et ne pas être en situation de se faire craindre étaient les titres les plus certains à être accablé par la taille ». C'est ce qui arrive à la petite noblesse résidant dans les paroisses. Les registres des contrôles des actes au XVIII^e^ siècle sont remplis de procédures menées par les assemblées de paroisses « contre les nobles ou soi-disant tels » qui parfois se laissent « tailler », avant de réagir quelques années de suite, comme les Malbec à Montagnac-la-Crempse ou les Coulon à Bars.

Enfin la noblesse pauvre ou presque invisible sur place, tels les Talleyrand absents de Grignols mais faisant de temps en temps

68. du Mas des Bourboux, Gontran, *Le Périgord des « nobles bourgeois » du XVIII^e^ siècle*, La Nef Chastrusse, Bordeaux, 2003, p. 266.
69. ADD 2e 1314/1.
70. Drévillon, H.

escale à Beauséjour, apparaît aux yeux de tous par des privilèges et une façon de vivre, une épée, des droits dans l'église, un banc, le pain béni offert avant tous, une litre mortuaire à leur armes dans l'église paroissiale, un colombier ou une simple fuie abritant colombes et pigeons s'abattant sur les champs, des privilèges de justice, un tribunal réservé, celui du point d'honneur, la possibilité de se pourvoir directement devant le sénéchal. La liste serait longue de tous ces privilèges, parfois anecdotiques comme celui d'être le seul à pouvoir indiquer le sens du vent grâce au droit de girouette ! Mais, concrètement, tout cet ensemble marque les esprits et alimente des critiques discrètes mais bien réelles.

La noblesse n'est cependant pas, loin s'en faut, la seule catégorie de privilégiés.

Le Périgord possède en effet quatre villes privilégiées, exemptées de taille au cours des siècles par le roi : Périgueux, depuis au moins 1370, mais aussi Bergerac, Mussidan, Sarlat. À cela, il faut ajouter deux bourgades : Excideuil, qui fut au XIII^e^ siècle la capitale de la grande vicomté de Limoges, et Saint-Astier. Leur particularité est d'abriter une forte proportion de « bourgeois vivant noblement », selon la terminologie de l'époque, c'est-à-dire vivant de leurs revenus. Leur étude montre une situation assez originale. Il s'agit de familles venant des villages environnants et occupant depuis des siècles des situations de notables. En d'autres termes, il s'agit d'une vieille bourgeoisie rurale ayant réussi après six ou sept générations d'efforts à atteindre la ville. À l'origine, on trouve les métiers de judicature locale et de gestion de seigneurie, plus rarement des marchands. En revanche, le passage intervenu, peut-être au XVI^e^ siècle, de la paysannerie à la situation de marchand est très rarement rencontré : un seul cas à Périgueux. Cela montre à quel point la mobilité sociale est lente.

Le plus important à signaler ici, c'est l'effort de ces familles pour constituer, conserver, se transmettre des biens fonciers. Tous ces bourgeois de nos villes périgourdines, vivant noblement ou bien exerçant les professions de notaire, de magistrat, de marchand, d'orfèvre, possèdent des biens fonciers. Sans doute, dans un rayon de 10 à 15 kilomètres autour des villes, possèdent-ils de 25 à 35 % des biens fonciers.

On comprend mieux ainsi l'importance de ces privilégiés, exemptés de taille et des charges paroissiales, de la construction et de l'entretien des presbytères, de celles des « régents » (maîtres d'école), car un certain nombre d'agents du roi, considérés comme « commensaux », bénéficient également de privilèges.

On comprend également pourquoi, dans les années 1770, un subdélégué de Sarlat peut écrire à propos de ces privilégiés : « En Périgord, les campagnes en sont peuplées et qu'outre la nombreuse noblesse et la magistrature, trois villes privilégiées qu'elle a dans son enclave en fournissent une fourmilière[71] ».

## « J'ai trop aimé les bâtiments ! » (Louis XIV)

Avant de quitter l'Ancien Régime et d'évoquer le changement de régime politique, il faut s'arrêter un moment sur l'une des spécificités du Périgord : son riche patrimoine immobilier, qui témoigne en partie de ces deux derniers siècles de l'époque moderne. Oublions ici les églises, les châteaux médiévaux souvent remaniés et même les « maisons fortes », celles des damoiseaux de paroisses[72].

À la fin du Moyen Âge, en effet, la petite noblesse au service des seigneurs du Périgord quitte ses hôtels situés dans la basse-cour du château et fait bâtir dans son fief environnant une maison plus confortable. Construite en hauteur, elle comprend le plus souvent deux pièces au rez-de-chaussée et deux à l'étage, accessibles par une tour escalier. La nouvelle catégorie sociale qui s'épanouit au XVI^e^ siècle, celle des robins, issus parfois de lignages de damoiseaux déchus – juges seigneuriaux, notaires vite enrichis par des prêts hypothécaires non remboursés –, les imite. Ainsi commence à se mettre en place, en Périgord, bien plus que dans d'autres provinces voisines, ce patrimoine architectural rural très original, montrant entre la forteresse médiévale et la modeste borderie d'une pièce

71. Marion, Marcel, *Dictionnaire des institutions de la France aux XVIIe et XVIII^e^ siècles*, 2^e^ édition, Paris, Picard, 1984, p. 459.
72. Bélinguard, Jean-Marie, *Le Périgord des maisons fortes*, Pilote 24 Édition, Périgueux, 1999, p. 15.

joignant l'étable, mille nuances, mille demeures de taille et d'aspect variés qui laissent parfois le passant songeur. Qu'est-ce ? se dit-il devant telle vieille demeure : une riche maison paysanne, un prieuré, une maison noble ?

Le climat général d'insécurité créé par les cent cinquante ans de guerres allant des guerres de Religion jusqu'aux lendemains de la Fronde apporte un ralentissement à cette frénésie de construction. Sans doute valait-il mieux, en ces temps troublés, bâtir au sein des villes.

Sitôt la paix revenue, après 1653, bourgeoisie et noblesse de province sortent des villes. Dans leurs domaines de campagne, en des sites souvent différents et témoins d'une autre façon de percevoir le paysage environnant, ils construisent alors des « repaires », lieux où ils aiment à se retirer. Pour les historiens de l'architecture, il s'agirait là de « chartreuses », mot alors inconnu en Périgord mais usité en Bordelais et qui désigne des « maisons de maître [...] à simple rez-de-chaussée, fortement barlongue, comportant des éléments architecturaux extérieurs et une finition intérieure tranchant sur l'ordinaire et manifestant un certain art de vivre[73] ». Ces demeures comportaient également des ailes et bâtiments d'exploitation et fréquemment des chais, témoignant du lien étroit qui existait alors entre ces repaires et le vignoble.

Pour Jean-Marie Bélingard, « le maître [de ces chartreuses] est un membre de la bourgeoisie rurale, qui fait valoir ses terres sans cultiver lui-même, ou de petite noblesse de robe, ou même d'épée. Du fait des ascensions sociales ou des alliances, ces deux classes sont souvent confondues. Il vit le plus souvent sur ses terres ou, s'il a un hôtel en ville, il n'y vient que de temps en temps [...] Notaires, officiers de justice, bourgeois de Périgueux : tels les Gros de Beler à Giraudou, les Chalup à Farreyrou, les Haussire aux Bourboux, et de Bergerac : tels les Pinet au Bignac[74]. »

73. Bélingard, Jean-Marie, Audrerie, Dominique, du Chazaud, Emmanuel, *Le Périgord des chartreuses*, 2e édition, Pilote Édition, Périgueux, 2000, p. 8.
74. Bélingard, Jean-Marie, Audrerie, Dominique, du Chazaud, Emmanuel, *Le Périgord des chartreuses*, 2e édition, Pilote Édition, Périgueux, 2000, p. 9.

Le château de Hautefort, un des fleurons de l'architecture du Grand Siècle.
Photo J.-B. Leroux.

Le dictionnaire topographique du département de la Dordogne d'Alexis de Gourgues[75], à côté des « hôtels » ruraux, mentionne plus de 600 fois ces « repaires nobles », l'appellation ayant été relevée par lui dans les actes mêmes.

Mais les nombreux « repaires » ne sont pas les seules nouveautés. On construit beaucoup à l'époque classique. Comme l'a montré Jean Secret, dont le nom est intimement lié au Périgord en raison de l'étude qu'il fit de son patrimoine monumental, ce sont plus de 70 demeures de cet âge classique qui subsistent à Périgueux et dans ses environs, dont l'hôtel de Lagrange-Chancel, actuel hôtel de ville de Périgueux.

On construit ou reconstruit aussi des châteaux, à commencer par ceux rasés sur ordre de Richelieu, tel Hautefort, dont le nouveau château est bien la plus belle réussite de l'art classique en Périgord. Les gentilhommières ou châteaux de taille moins grandiose ne sont pas oubliés, comme à Saint-Laurent-sur-Manoire, Sept-Fonds, la Vassaldie en Mareuillais, ou la magnifique demeure du Roc en Sarladais. À cela il faudrait ajouter les améliorations apportées aux demeures existantes, à Lortal, à Campagne, ou encore les écuries de Segonzac, en Ribéracois.

Il resterait dans ce tableau à évoquer la vie quotidienne dans ces demeures au cours des saisons, la gestion des domaines, les travaux d'embellissement, les « prix faits », la vie des artisans du bâtiment, les fêtes et les soirées, l'éducation des enfants[76], la vie de la domesticité. Tout un monde qu'évoquent quelques livres de raison inédits, tel celui des Montard en leur château de la Tour, près d'Eymet[77].

75. Imprimerie nationale, Paris, 1873.

76. Sur l'éducation des filles de la noblesse périgourdine, l'on consultera l'essai de Joëlle Chevet, *Au pays des cent châteaux : la noblesse du Périgord*, 1998.

77. Reproduction en possession de l'auteur.

## Des « humbles doléances » à la chute de la monarchie

Ce tour d'horizon dans le Périgord du XVIII$^e$ siècle montre ainsi un univers très contrasté.

L'envers du décor, celui de l'art classique, d'un Périgueux que cherche à changer l'intendant Tourny et qui perd alors ses remparts séculaires, c'est une société encore très structurée, une population périgourdine qui s'est accrue au XVIII$^e$ siècle mais dont le sort a empiré. L'envers du décor, c'est un système fiscal et administratif inefficace où toutes les innovations se sont superposées au cours des siècles. Le Moyen Âge est encore là avec ses droits féodaux tatillons dont le paiement ne correspond plus à aucun service visible, tandis que se mettent difficilement en place des impôts plus justes que la taille, tels que les vingtièmes, malgré leurs différences d'assiettes. Le système monarchique est finalement d'une très grande complexité et plus fragile qu'il ne le paraît.

Que viennent quelques années de mauvaises récoltes, telles celles des années 1787 et 1788, et la monarchie vacille. Depuis 1614, elle s'est refusée à tenir compte de ces grands rendez-vous avec l'opinion que constituaient les États généraux. Finalement, lorsqu'elle décide de les réunir, en 1789, elle ne sait comment les contrôler.

De ces insatisfactions, de ces tendances de l'opinion périgourdine, il nous reste les cahiers de doléances, le plus beau sondage d'opinion dont un historien puisse rêver, malgré les conditions de leur rédaction. Ces cahiers de doléances – habituels en cas de réunion des États – rédigés après le 8 août 1788, sont, d'après Tocqueville, « le testament de l'ancienne société française, l'expression suprême de ses désirs, la manifestation authentique de ses volontés ».

Certes, indépendamment des cahiers du clergé et de la noblesse, ceux des paroisses périgourdines et d'autres provinces n'émanent que faiblement du Tiers-État, du moins dans leur rédaction. Seuls 40 % des participants aux cahiers de doléances du Nontronnais furent ainsi capables de les signer. Cependant, si l'on sent bien ici l'influence de la bourgeoisie de robe et même si des cahiers types circulaient d'une paroisse à l'autre, le contenu en est assez similaire et permet de dresser une liste des idées et revendications principales du Tiers-État.

Notons d'abord que jamais la personne du roi n'est mise en cause, bien au contraire. Ces cahiers témoignent de la confiance de la population vis-à-vis du souverain. Il en est le « père », le « meilleur des roys » (cahier de Saint-Saud), que l'on remercie pour avoir décidé de réunir les États généraux.

Le curé non plus n'est pas critiqué. Quant à la dîme, ce n'est pas tant l'impôt lui-même dont il est question dans ces cahiers que son taux, souvent incertain. Les monastères et abbayes ou ce qu'il en reste – il n'y a plus que quelques dominicains à Saint-Pardoux-la-Rivière – font l'objet en Nontronnais de profondes critiques, surtout relatives à leur richesse excessive ainsi qu'à « l'utilité » des clercs !

En maints endroits du Périgord, les cahiers dénoncent les calamités naturelles et l'ingratitude du sol. La description des terroirs, même rapide, permet de tenter un travail de « paléoécologie ». Tel secteur où aujourd'hui la forêt gagne était alors entièrement agricole, les fortes pluies entraînant la terre des versants dans le fond des vallons.

Finalement, c'est surtout sur le chapitre des impôts et taxes divers que ces cahiers de doléances ont le plus à raconter. Les critiques les plus sévères portent sur les survivances du régime féodal, les cens, rentes et taxes de mutation, ces fameux « lods et rentes », pouvant atteindre un sixième du prix, donc décourageant les mutations[78]. De même est demandée la suppression des banalités féodales et des péages qui entravent la circulation des biens et, partant, la liberté du commerce. Les impositions royales sont critiquées à plusieurs titres : par la surcharge qu'elles occasionnent sur les taillables[79], par la présence dans les paroisses de nombreux privilégiés exemptés de taille. La critique porte aussi sur le personnel chargé de collecter les impôts « à la tête du client » !

78. Plus que dans les actes de ventes, ce sont les registres du contrôle des actes (série IIC) qui précisent le montant de ces « lods et ventes ».

79. Sur leur évaluation, consulter : Guy Mandon : « Quelques hypothèses sur l'état économique et social du Périgord à la veille de la Révolution », in *Le Périgord Révolutionnaire, BSHAP,* supplément de 1989, p. 477-505.

Les « receveurs de taille de l'élection » ne sont pas non plus épargnés. Finalement, quelques paroisses réclament un impôt unique, fondé sur la propriété foncière, une « dîme royale », comme dans le cahier de Nontron, qui fait ainsi référence au projet de Vauban, datant de plus d'un siècle[80] !

Une autre revendication, qui n'a rien de passéiste, concerne le rétablissement des anciens États particuliers du Périgord[81], comparables à ceux qui subsistent alors en Dauphiné. Vieille assemblée prédémocratique, ces « États » rétablis devaient permettre aux Périgourdins, en une vision idéalisée, de donner leur avis sur les problèmes d'intérêt fiscal ou général, tout en affirmant leur indépendance vis-à-vis de Bordeaux et de l'administration royale[82] ! C'est en ce sens que les futurs hommes politiques de Bergerac et de Domme, Maine de Biran et Maleville, appuient sur place la même demande.

En définitive, ces cahiers contiennent tout un programme qui allait être mis en œuvre au début de la Révolution, parfois avec l'assentiment de la noblesse « éclairée », cette noblesse qui avait déjà montré son engagement lors de la révolution américaine, une décennie plus tôt.

## L'Assemblée des trois ordres à Périgueux

En attendant, le 16 mars 1789, en la cathédrale Saint-Front, les 1200 représentants des trois ordres prennent place.

80. *Cahiers de doléances du Nontronnais*, projet d'Action éducative, sous la direction de Richard et Dominique Beaudry, Serge La Barbera, Michel Mange, Daniel Marcadet, Lycée Alcide-Dusolier, Nontron, Centre culturel occitan de Picapol, Hautefage-La-Tour, octobre 1989.

81. Rebière, Christelle, *Les États du Périgord des temps modernes à la Révolution*, TER, 1999 (Direction Anne-Marie Cocula), Université de Bordeaux-III ; « L'invention de la décentralisation, Noblesse et pouvoirs intermédiaires en France et en Europe, XVII$^{e}$-XIX$^{e}$ siècles », Lille III, colloque organisé en décembre 2006 par R. Baury et M.L. Legay.

82. Sur ces cahiers généraux et plus généralement sur la Révolution en Périgord, consulter le bel article d'Anne-Marie Cocula, « Regards sur la Révolution en Périgord », in *Le Périgord révolutionnaire*, supplément au tome CXVI du *BSHAP*, 1989, p. 377-383. Elle montre en quoi le Périgord, devenu département de la Dordogne et qui « n'occupe pas le devant de la scène dans les années 1789-99 », « peut être un bon observatoire pour juger des répercussions de la Révolution dans le pays ».

Les députés de la noblesse sont élus le 24 (la noblesse de Cour ayant été écartée), avant ceux du clergé, en raison des difficultés causées par l'opposition entre l'évêque et son bas clergé. Quant aux députés du Tiers, ils représentent en fait la bonne bourgeoisie urbaine ou rurale, tel Paulhiac de La Sauvetat, habitant à Douville en son manoir de la Sauvetat.

Lorsqu'en juin les États généraux, réunis à Versailles, se transforment en Assemblée nationale, les deux députés du clergé du Périgord rejoignent les rangs du Tiers, contrairement aux députés de la noblesse.

De fait, l'Ancien Régime est en train de laisser la place progressivement à une monarchie constitutionnelle.

5e partie

# Destins contrastés de la Dordogne-Périgord

# La Révolution et l'appartenance au département de la Dordogne

12

## La « Grande Paou »

En cet été 1789, l'inquiétude gagne peu à peu la population rurale, tant à cause du climat politique que des difficultés économiques.

En raison de la mauvaise récolte de 1788, suivie des mauvaises conditions de culture de la récolte à venir, il y a un début de disette et des émeutes à Bourdeille, Bergerac, Saint-Alvère et Périgueux. On accuse les marchands de blé d'« accaparer les grains » et ce sont eux qui font les frais du mécontentement populaire, au point que Bergerac demande au gouverneur de Guyenne trois à quatre compagnies d'infanterie pour assurer la liberté du commerce sur la Dordogne. Nul doute que ce sont ces émeutes frumentaires, ajoutées aux nouvelles qui arrivent de Paris, qui alimentent sur place le phénomène de « Grande Peur » qui agite une grande partie du royaume en cet été 1789.

Verneilh-Puiraseau, le futur député de la Dordogne, prétend dans ses *Souvenirs*[1] que ce mouvement a été lancé depuis Paris par des révolutionnaires qui voulaient forcer toutes les paroisses à s'armer. Quoi qu'il en soit, pour le Périgord, une rumeur arrive de Ruffec, au nord d'Angoulême, faisant état d'invasions, d'attaques (etc.) provoquant la peur de la population.

« Je me trouvais ce jour-là à Nexon, écrit Verneilh-Puiraseau. Nous causions ensemble de la révolution que nous ne voyions pas tout à fait du même œil, lorsque nous vîmes apparaître, au bout de l'allée en face de laquelle nous étions placés, M. Labesse [...]

1. Verneuilh-Puiraseau, M. de, *Mes souvenirs de 75 ans*, Limoges, Barbou, 1836.

qui s'avançait vers nous à grands pas : Aux Armes ! Aux armes ! s'écria-t-il du milieu de l'allée, d'un ton moitié plaisant et moitié sérieux. Il nous raconta qu'au moment où l'on allait commencer une partie de jeu, il était arrivé, en très grande hâte, un domestique de la maison des Cars portant pour nouvelle qu'un corps de dix mille Anglais s'avançait de nos côtés, laissant partout la désolation sur son passage. Les villes de Confolens et de Rochechouart avaient été brûlées, et déjà Châlus était en feu ; le tocsin de Saint-Hilaire et des environs sonnait lorsqu'il en était parti. Je rentrai bientôt à la maison et fis pars de cette étrange nouvelle à mes vieux parents, qui n'en parurent guère affectés ; je l'étais assez peu moi-même. Ce commun sang-froid me donna l'idée de monter dans ma chambre... Je ne me réveillai que lorsque le soleil était déjà haut sur l'horizon, et rien n'avait bougé. Cette alerte eut lieu dans nos contrées un jour de mercredi du mois d'août 1789. Elle était arrivée au marché de Piégut, vers les onze heures du matin... »

En sa *Révolution en Périgord*, Georges Bussière fait revivre cette grande peur qui traverse tout le Périgord en août 1789, et qui fait se rassembler les paroisses au son du tocsin contre un ennemi invisible[2].

Ces émotions de l'été 1789[3] se prolongent dans le sud-est du Périgord durant l'automne et l'hiver qui suivit, à Salignac, Jayac, ou en janvier 1790 à Sarlat, où l'on voit 3 000 paysans entrer dans la ville et y délivrer trois meneurs !



## Au temps de la monarchie constitutionnelle

Les mois importants qui s'écoulent de juin 1789 au 22 septembre 1792, date du début de la I^re^ République, sont assez mal connus pour le Périgord. Bien sûr, les grands événements ont été retenus par les historiens : la Grande Peur, la création du département ou la jacquerie de l'hiver 1789-90, mais ce qu'il vaudrait mieux

2. Bussière, Georges, *Études historiques sur la Révolution en Périgord*, Paris, 1903.

3. Sur le plan historique, il est possible d'analyser cette grande peur qui parcourt les campagnes, comme « l'irruption de la Révolution au village », voire comme une ultime « victoire des croquants », cf Delpont, Hubert, *La victoire des croquants, les révoltes paysannes du grand Sud-Ouest pendant la Révolution (1789-1799)* thèse imprimée, Les amis du vieux Nérac, 2002, p. 302.

comprendre, c'est la réaction de la région face aux modifications du système politique et législatif qui interviennent dans une capitale prise par une frénésie de réformes et un désir de refondre l'ensemble du système économique et social : suppression des titres de noblesse, création de l'impôt foncier, unification des poids et mesures, suppression de la torture et réorganisation de la justice, suppression des douanes intérieures mais aussi interdiction des corporations, sans oublier l'initiative d'une *Déclaration des droits de la femme et de la citoyenne* d'Olympe de Gouges qui fait suite à la proposition de Condorcet de juillet 1790, relative à « l'admission de la femme au droit de cité ».

Sur beaucoup de ces points, en Périgord, nous ne possédons que quelques éléments parfois contradictoires. Certes, la popularité du roi se dégrade progressivement. En juillet 1790, les sept administrateurs du département de la Dordogne qui sont élus, dont deux ex-nobles, sont encore royalistes, par respect pour le système constitutionnel. En revanche, les élections des députés et suppléants en septembre 1791 (il est vrai après la fuite manquée du roi) et surtout celles de septembre 1792 amènent au pouvoir des hommes nouveaux. Dans les campagnes, on exige surtout l'abolition définitive des droits féodaux qui ne fut effective que le 17 juillet 1793. D'autre part, la liberté de circulation des marchandises, et surtout des grains, inquiète beaucoup la population, qui soupçonne les accapareurs d'instaurer la pénurie.

La déclaration de guerre de la France au « roi de Hongrie et de Bohême », le 20 avril 1792, crée en effet depuis quelques mois un contexte bien différent, d'autant que les armées ennemies s'avancent dangereusement vers Paris. À la suite des émeutes révolutionnaires fomentées à Paris par Danton et Robespierre, les girondins[4] perdent le pouvoir et le roi et sa famille sont emprisonnés à la prison du Temple, avant d'être condamnés à mort. Mais le député périgourdin Meynard refuse d'apporter sa voix aux tenants de la peine capitale.

4. Girondins : l'Assemblée législative de 1792 comprenant des républicains modérés qui reconnaissent pour chefs les députés de la Gironde.

On imagine qu'en Périgord comme ailleurs le désarroi devait être grand. Que penser, quelle attitude adopter face à ces événements ? Aux modérés inquiets s'opposent de plus en plus les « montagnards » impatients de passer à une étape nouvelle de la Révolution.

## La I^re^ République

Cette nouvelle étape, c'est d'abord l'élection au suffrage universel masculin des 750 députés de la Convention. À cette occasion, le Périgord montre ses préférences politiques, puisque ses cinq députés rejoignent les bancs de la Montagne. Comment expliquer un tel choix ? Pour Anne-Marie Cocula, il y a parmi les raisons un écho du vieux contentieux entre les Périgourdins et les Bordelais, marqué par le refus des Girondins. Sans doute peut-on invoquer ici l'esprit de la paysannerie périgourdine qui s'est tant de fois manifesté durant les guerres des croquants entre la fin du XVI^e^ et le début du XVIII^e^. Il est possible également qu'avec l'influence des nombreuses sociétés politiques périgourdines qui demandent depuis des mois la déchéance de Louis XVI, les Périgourdins ont alors assimilé, au moment des élections, la démocratie à la Montagne ! Quoi qu'il en soit, l'adhésion de la majorité des électeurs du département au nouveau régime est bien nette puisque Lakanal, l'un des représentants en mission de la Convention dans le département, n'hésite pas à déclarer le 10 août 1794 à la tribune de l'Assemblée qu'en Dordogne : « La Convention nationale… est l'objet de culte et d'amour ».

Avec le recul du temps, on peut noter que la mise en place de la démocratie tout comme le respect des « droits de l'homme », récemment promulgués, se font lentement : les progrès sur certains aspects s'accompagnant de régressions sur d'autres plans. Ainsi en est-il de cette période de la Convention, marquée entre autres par la mise en place d'un premier scrutin au suffrage universel, de l'abolition (de courte durée) de l'esclavage, par l'institution de justices de paix, proches de la population, mais aussi par l'instauration du régime de la Terreur.

Certes, l'urgence de la guerre peut, à la limite, rendre nécessaire la remise en cause de la liberté de déplacement, « d'aller, de rester, de partir » dit la Constitution de l'an I, non entrée en application, mais pourquoi revenir sur l'article 10 de la *Déclaration des droits de l'homme et du citoyen*: « Nul ne peut être inquiété pour ses opinions, même religieuses, pourvu que leur manifestation ne trouble pas l'ordre public établi par la loi » ?

En Périgord, les représentants en mission mettent en application les mesures expéditives de la Convention. Roux-Fazillac poursuit les girondins tandis que Lakanal veille à la mise en place de la loi des suspects, des réquisitions, des levées d'hommes, des contrôles d'identité, des certificats de civisme.

À vrai dire, cette République très idéaliste veut alors promouvoir un homme nouveau, vertueux, au sens romain du terme. Pour cela, il faut changer le cadre général de la société, imposer un nouveau calendrier (diminuant le nombre de jours de repos !), donner de nouveaux noms aux rues, de nouveaux prénoms aux nouveau-nés, changer le nom des communes. Ainsi, pour quelque temps, Saint-Apre devient-il Barra-sur-Dronne, ou Saint-Jory-de-Chalais, Chaleix-la-Montagne ! Il faut aussi éliminer du regard les symboles les plus criants de l'Ancien Régime : détruire les châteaux symboliques, tel celui du duc de la Force, buriner les armoiries, retourner ou détruire les dalles funéraires armoriées, retourner les « taques » de cheminée, portant des symboles prohibés. Le comité révolutionnaire du district de Sarlat interdit même, en pluviôse de l'an III, la sonnerie de l'angélus !

Malgré ces mesures, malgré les imprimés de cette époque, qui défendent haut et fort la mise en place de ce nouvel ordre, telle la « Lettre de Lakanal à ses frères du département de la Dordogne » ou les « Épîtres aux sans-culottes », il faut bien reconnaître que la Dordogne, par comparaison à d'autres départements, réagit de façon modérée aux injonctions de la Convention. Certes, la guillotine reste installée sur la place de la Clautre à Périgueux d'avril 1793 au 21 juillet 1794, soit 15 mois, mais elle fait – seulement – une vingtaine de victimes, dont peu d'anciens nobles. Si les prêtres réfractaires ne sont pas majoritaires en Périgord, du moins sont-ils durement condamnés, soit exécutés, soit déportés sur les fameux « pontons de Rochefort[5] ».

Bien symbolique de cette période est la fête organisée en l'an VI par Charles de Peyssard, pourtant ancien garde du corps du roi, commémorant la fin du « dernier tyran Capet », fête au cours de laquelle est traîné dans les rues de Périgueux un mannequin représentant le « traître Capet » !

Dans l'état actuel des recherches, il ne semble pas que les mesures de déchristianisation ont alors eu le succès désiré[6]. Çà et là, des prêtres réfractaires continuent de célébrer des messes, tandis que le culte de « l'être suprême » n'est qu'éphémère.

Il serait faux également d'opposer systématiquement en Périgord noblesse et Révolution. Sans avoir recours pour le montrer à l'attitude d'un Talleyrand, force est de reconnaître que c'est famille par famille, château par château, qu'il faut examiner la situation : de nombreuses familles nobles continuent sous le drapeau bleu blanc rouge une carrière commencée sous les lys. Cela concerne parfois tous les hommes ou seulement certains, telles les familles Beaupuy, Biron, Tessières, ou Montard. Beaucoup d'autres hésitent longtemps avant de se résoudre à émigrer. Le comte de Paysac, dont la localité éponyme est fraîchement incorporée au département de la Dordogne, lui-même père d'une fille prénommée Héloïse, preuve de son attrait pour l'œuvre de Rousseau, écrit encore en février 1791 à son régisseur : « Je suis, Monsieur, dans les landes de Bretagne avec 100 dragons que je commande pour le maintien de la tranquillité publique. Les paysans veulent absolument garder leurs prêtres… » Les Fayolle, après avoir un temps pensé à émigrer, traversent la Révolution sans difficulté, bien que largement réquisitionnés. François-Martial de Bideran, un ancien de la guerre d'Indépendance américaine, qui a rejoint les armées

5. Ces prêtres ont été béatifiés par le Pape Jean-Paul II en 1995.

6. Helpiquet, Carole, *Fêtes de la Révolution et déchristiannisation en Périgord* (1789-1799), TER, 1989 (direction Anne-Marie Cocula) Université Bordeaux III, bibliothèque histoire, DM 118.

révolutionnaires, est furieux en 1794 de ne pas recevoir la promotion qui lui paraît due[7] !

Cependant, durant ce régime conventionnel, la vie quotidienne en Périgord devient de plus en plus difficile. Les débuts de l'année 1794 sont sans doute les plus durs, en raison du rationnement et des levées de troupes. De fait, la chute de Robespierre le 9 thermidor est accueillie avec un grand soulagement.

En Périgord, la Révolution n'a en rien changé les réalités économiques. La région reste profondément rurale et Périgueux ne renferme que 1 600 feux ! La propriété privée n'a été ni contestée, ni remise en cause. La vente des biens nationaux, tant du clergé que de la noblesse, a seulement provoqué un transfert de propriété réel : sous la Restauration, en effet, les indemnités versées au titre du milliard des émigrés concernent alors plus de cinq cents familles nobles ! Pour l'heure, les bénéficiaires de ces « biens nationaux » sont les représentants de la bourgeoisie rurale du Périgord, tandis que concrètement, même en changeant de mains, le mode d'exploitation demeure le métayage, qui voisine avec la petite propriété privée. La vie du métayer reste inchangée. De plus, durant les dernières années de la I^re^ République, la population rurale doit souffrir les bandes de brigands pillant les maisons, ces fameux « chauffeurs » faisant avouer sous la torture l'emplacement des menues économies, attaquant les diligences, les recettes fiscales, puis allant se réfugier dans les forêts proches. Une telle situation est alimentée par la misère, par la carence de l'autorité, par l'impunité.

L'ensemble de la population, du moins de la masse de la population rurale à la nouvelle classe des bénéficiaires de biens nationaux, aspire en cette année 1799 à la paix.

7. Voir notre étude : du Mas des Bourboux, Gontran, *L'ancienne noblesse du Périgord subsistant en Dordogne*, Pilote 24, Périgueux, 2001.

## Le Consulat et l'Empire

Le Directoire, ultime avatar de la Ire République, a réussi, en supprimant l'autonomie de la Garde nationale, à laisser le champ libre à l'armée, appelée lors de moments difficiles à la rescousse d'un régime de moins en moins apprécié des Français[8]. Le coup d'État du 18 brumaire an VIII (9 novembre 1799) par Bonaparte, général de la Révolution, est la suite logique de cette situation. Avec cet homme providentiel, la France et la Dordogne retrouvent une autorité centrale, fondée sur la Constitution de l'an III.

Sur place, à l'image du pouvoir dictatorial imposé désormais au pays, un préfet contrôle le département assisté de sous-préfets parmi lesquels figurent quelques anciens acteurs de la Révolution, tel Joseph Prunis. À tous les niveaux, des assemblées aux municipalités, le nouveau régime s'appuie sur des listes de notables choisis en fonction de leur fortune ou de leur statut, selon un mode de désignation bien éloigné du modèle démocratique.

Ce retour à l'ordre a au moins l'avantage de ramener la paix dans les campagnes. En quatre ans, le banditisme disparaît, tandis que les galères se remplissent de ceux qui, depuis des années, terrorisent la population, quand ils ne finissent pas sous la guillotine !

L'autre mesure favorisant la paix sociale est la liberté redonnée peu à peu à l'exercice du culte catholique. Bien que ruinée, ayant perdu revenus, églises, ainsi que les nombreux presbytères et abbayes, l'Église catholique relève la tête, surtout au lendemain du Concordat de 1801. Dans les diocèses de Périgueux et de Sarlat désormais rattachés à celui d'Angoulême, le nouvel évêque, Mgr Lacombe, ancien prélat constitutionnel et gallican, doit cependant faire face à de nombreuses difficultés, malgré les efforts qu'il fait pour arpenter son immense diocèse.

Le retour des 504 émigrés de la Dordogne est un geste d'apaisement de plus. Non indemnisés des confiscations de leurs biens

8. Pour Anne-Marie Cocula, « il se peut, mais cela reste à vérifier, que le Directoire soit en Périgord l'occasion d'un premier véritable apprentissage de la vie politique électorale grâce à l'émergence et aux affrontements de deux grands courants d'opinion, l'un favorable à la République, l'autre au retour de la royauté. Cette rivalité fondamentale explique l'instabilité politique de la période qui se clôt logiquement par un coup d'état militaire ». Cocula, Anne-Marie, « Regards sur la Révolution en Périgord » in *Le Périgord révolutionnaire*, supplément au tome CXVI du *BSHAP*, 1989, p.383.

et ruinés, en attendant le « milliard des émigrés », décidé quelques décennies plus tard, ils vivent chez leurs parents ou amis, tel ce Filhol, revenu d'émigration à l'âge de 67 ans et qui épousa un peu par hasard une jeune bohémienne de Bergerac âgée de 15 ans. Pour les historiens, cette période de la Révolution et de l'Empire est en effet riche en anecdotes, en destinées singulières, en drames, en personnages hors du commun.

Nombreux sont aussi les anciens officiers des armées du roi, ayant ou non émigré ou participé à la Révolution, à rejoindre les armées impériales : les Taillefer, Jumilhac, les frères Beaupuy ou d'autres officiers moins fortunés tel ce Charles Dupin de Saint-Cyr, qui revient de la campagne de Russie à pied, serrant son sabre à ses côtés[9].

Dans ces armées se distinguent aussi des hommes nouveaux, au caractère bien trempé, tels Dumesnil, Bugeaud ou surtout Fournier Sarlovèze.

Mais ces gloires locales cachent les 10 000 recrues que doit fournir, certaines années, le département, dont plus d'une centaine de réfractaires à chaque fois. Signalons aussi les condamnations pécuniaires imposées aux familles dont un fils a préféré fuir, les logissaires, les battues, la triste nouvelle des fils morts à la guerre, plongeant les familles dans le chagrin[10], la pression fiscale de plus en plus forte en raison du coût de ces guerres sans fin, les réquisitions faites lors du passage de l'armée d'Espagne, où il faut livrer chariots et paires de bœufs, charge répartie sur les communes. C'est ce qu'évoque le courrier daté de « Vanxains le 7. 7bre 1813 », adressé à Sicaire des Bourboux :

« Monsieur, vous êtes requis de payer de suite
entre les mains du percepteur de cette commune
la somme de 15 F pour aider à faire le payement
d'un cinquième Bœuf, requis sur la commune, pour

9. Dupin de Saint-Cyr, commandant Henri, *Fragments. Cinquante années en Périgord et dans la marine*, Périgueux : Pierre Fanlac, 1982.
10. Les guerres napoléoniennes firent au moins 3 millions de morts dans une Europe qui comptait à l'époque, Russie comprise, 195 millions d'habitants.

l'armée d'Espagne, cela faisant vous éviterez la garnison.
Banaston, maire »

Le Bergeracois Maine de Biran, en son *Journal intime*, exprime en 1814 tous ses ressentiments envers Napoléon :

« Février 1814 : le ciel dans sa colère nous a donné un homme qui réunit le caractère bas, farouche et sanguinaire, la fureur conquérante, l'audace et la férocité barbare d'un Gengiskan ou d'un Tamerlan… » et Gérard Fayolle, qui cite cet extrait, d'ajouter qu'au-delà de tout cela : « seuls les bons souvenirs [de cette période] resteront… l'image définitive que laisse Napoléon, c'est celle du soldat du peuple et de l'héritier de la Révolution[11] ».





11. Fayolle, Gérard, *Histoire du Périgord*, Fanlac, Périgueux, tome II, p. 138.

# 13 Le retour de la monarchie constitutionnelle

## La Restauration

En 1814 cependant, à la première chute de Napoléon, bien avant que la légende napoléonienne ne s'installe, on préfère danser en Périgord, peut-être moins pour fêter le retour des Bourbons que pour la paix qu'ils ramènent dans leurs bagages ainsi que la fin attendue de la conscription.

Au congrès de Vienne, le Périgourdin Talleyrand défend les intérêts de la France dans un contexte bien difficile, car tout se passe comme si la guerre européenne commencée en 1792 s'achevait enfin, mais à nos dépens, en 1814, par l'entrée des « alliés » à Paris.

Concrètement, Louis XVIII, plutôt que de revenir à l'Ancien Régime, dont il a connu et critiqué lui-même les défauts, prend la situation telle qu'elle est, laissant à leur poste un grand nombre de préfets et d'administrateurs. Cette monarchie constitutionnelle n'est pas pour autant une démocratie. Le Périgord demeure aux mains des notables et le suffrage, comme sous l'Empire, reste censitaire et réservé à une étroite minorité payant au moins 300 F de contribution. Maine de Biran lui-même est alors favorable à cette situation : « Un propriétaire qui paie 300 F de contribution représente les intérêts de la propriété bien plus et bien mieux que dix petits propriétaires payant chacun 30 francs… »

Cette période en Périgord est marquée par des personnalités légitimistes telles que Chilhaud de Larigaudie, surnommé le « drapeau blanc » en raison de la « pureté de ses opinions », et qui se fait le défenseur des droits des anciens émigrés, François de Meynard, le marquis d'Abzac ou le comte de Mirandol.

Maine de Biran, le grand esprit de cette époque, doit être classé à part, ni bonapartiste, comme il a été dit plus haut, ni parfait légitimiste. Son souci principal, dans le Bergeracois dont il est sous-préfet, puis député, est d'abord d'améliorer le sort de ses contemporains, créant une école normale, bref, souhaitant en vain que la monarchie réalise de véritables réformes.

Les Cent-Jours, qui voient le retour de Napoléon, ne sont pas une simple période anecdotique. Celui-ci donne alors des gages aux libéraux promettant ce que venait d'accorder Louis XVIII : une chambre des représentants ainsi que la liberté de la presse. Son départ est suivi du deuxième traité de Paris rognant les frontières à l'est et humiliant la France. Il en résulte un changement néfaste dans l'opinion et une nouvelle baisse de confiance vis-à-vis des Bourbons.

À Paris, la monarchie fait alors l'expérience de la vie parlementaire et se trouve en quelque sorte piégée par une chambre introuvable « plus royaliste que le Roi », qui la dessert grandement. En 1815, les parlementaires périgourdins comprennent des personnages déjà souvent présents sous l'Empire, voire sous le Directoire, mais qui se rangent alors dans le camp des ultras.

Ce camp des extrêmes est responsable d'une politique dont les échos marquent sans doute moins le Périgord que d'autres régions du territoire. À défaut de véritable « Terreur blanche », règne dans le département un climat fait d'étroite surveillance, de tracasserie, d'inquiétude. La loi du milliard, en fait 625 millions, permet aux émigrés ayant survécu à la Révolution de reconstituer leur fortune, tels les Grézel à Sarlat. Tandis que la Garde nationale est aux mains de la vieille noblesse, l'Église, avec énergie, tente de reconquérir le terrain perdu après 25 ans d'une attitude hostile ou réservée vis-à-vis d'elle. Mgr de Lostanges, évêque de Périgueux, est alors la grande figure d'une action qui n'aura d'égale que celle des tenants de Jules Ferry à la fin du siècle : il crée des séminaires à Périgueux et Bergerac, contrôle l'enseignement secondaire, restaure les églises, dont – un peu trop énergiquement – Saint-Front à Périgueux. Jamais il n'y a eu autant de séminaristes et bientôt de prêtres et de vicaires dans les paroisses du Périgord.

Cette alliance trop étroite du trône et de l'Église, que n'avait pas connue l'Ancien Régime, contribue au développement d'un anticléricalisme dont les soubresauts de la révolution de 1830 en Périgord apportent plusieurs preuves, car on voit alors des émeutiers briser les croix des calvaires. Des mémoires inédits nous apprennent ainsi qu'un M. de Montard, de Castillonnès, de passage à Périgueux, en 1830, ayant voulu arrêter un groupe qui s'acharnait contre la grande croix, sur le parvis de Saint-Front, en leur criant « Vive Dieu et le Roi ! » est bousculé, battu, finalement arrêté, et reste trois jours dans les prisons de Périgueux.

Dans tout le royaume, les idées libérales progressent, comme la nostalgie d'un temps où la France, en dominant l'Europe, était censée lui apporter les idées généreuses de la Révolution. Malgré la prise d'Alger sous Charles X, passée inaperçue, on reproche beaucoup à ce dernier de ne pas s'être fermement engagé auprès des Grecs, qui viennent de remporter contre les Turcs la grande bataille de Navarin. La chute du régime suit de près cette bataille, vécue comme un symbole de la liberté.

## La monarchie de Juillet

Le prince Philippe d'Orléans, désigné d'abord comme lieutenant général du royaume par Charles X qui vient d'abdiquer, se retrouve poussé au devant de la scène par le vieux La Fayette et quelques hommes politiques, dont le député de la Dordogne, Prévôt-Leygonie. Il devient pour 18 ans un « roi des Français », drapé dans le drapeau bleu-blanc-rouge de la Révolution

À part quelques incidents limités, la Dordogne accueille la révolution de 1830 dans le calme. C'est l'époque des banquets, de la plantation de nouveaux arbres de la Liberté. Si l'administration est épurée, on exige aussi des notables des certificats de civisme, tandis que la Garde nationale accueille de nouveaux membres.

À défaut de suffrage universel, le cens est abaissé à 200 F au lieu de 300. Les notables conservent le pouvoir, ne laissant jamais la majorité des suffrages à l'opposition. Il est vrai que ce régime « libéral » paraît alors une fin en soi.

Cette longue période de paix intérieure qui se poursuit sous la monarchie de Juillet permet, en Dordogne, un essor de l'économie rurale en liaison avec celui de la démographie. La population rurale atteint alors son maximum avec un demi-million d'habitants. L'enquête officielle de Brard, en 1835, soutenue par le préfet Romieu, révèle les défrichements intervenus aux dépens des taillis et des landes. Dans ce pays de forêts, la surface agricole utile atteint alors près de 70 % du territoire. Le vignoble lui-même s'agrandit.

Quelques personnalités de premier plan accompagnent la modernisation du département durant cette période. Le préfet Romieu, encore lui, veille à l'application de la loi Guizot obligeant les communes à mettre en place une école primaire. Le maréchal Bugeaud est lui aussi l'une des grandes figures de cette période. Issu d'une vieille lignée de notables, ancien d'Austerlitz, pacificateur de l'Algérie, il applique dans son domaine de la Durantie, près de Lanouaille, les innovations agricoles, au point d'en multiplier par 26 les revenus en seulement six années. Sur son exemple, les comices, organismes de promotion agricole, se multiplient dans les cantons, inspirant les progrès des cultures tels que l'abandon des jachères, le développement de prairies artificielles, la diffusion de la pomme de terre ou du tabac. Seule l'industrie, reste encore et pour peu de temps à l'écart du progrès.

La statue du maréchal Bugeaud à Périgueux.
Photo Guy-Marie Renié.

# 14

# De la IIe République au Second Empire

## La IIe République

Venue encore de Paris, née des difficultés récentes de l'économie et des progrès de l'opposition politique, bien encouragée par les légitimistes, une nouvelle révolution ramène la République en février 1848. Louis-Philippe, qui se trouve à Saint-Cloud et ne veut pas tirer sur le peuple, préfère abdiquer. Dans son exil anglais, au château de Claremont, une Périgourdine, artiste peintre au talent délicat, accompagne la reine : Héloïse de Vins.

L'engouement pour la IIe République dure peu de temps. Aux élections législatives du 13 mai 1849, le parti des républicains modérés s'effondre tandis que le parti de l'Ordre, qui comprend de nombreux royalistes, obtient 500 sièges.

La légende napoléonienne favorise l'élection comme président de la République de Louis Napoléon Bonaparte. Effectivement, après les sanglantes journées de juin 1848, les ouvriers reportent leur confiance sur le neveu du grand Empereur, un souverain qui a laissé tout à la fois le souvenir de temps glorieux et d'un contact étroit avec son peuple. À Périgueux, le 3 décembre 1851, le préfet Albert de Calvimont soutient le coup d'État du prince-président. Sa « Proclamation adressée aux habitants de Périgueux » est même placardée à Paris, sur les colonnes de la Bourse[12].

12. Lagrange, Jacques, *La vie en Périgord sous Louis Napoléon III*, Éditions Pilote 24, Périgueux, 1992, p.27.

## L'entrée dans le Second Empire

Périgueux accueille ainsi favorablement la nouvelle du changement politique, écrit Jacques Lagrange[13]. Sur la place du Coderc, un paysan clame même en patois : « Il faut envoyer à Napoléon III un balai en or pour avoir si bien balayé ces bavards et ces fainéants » !

Le plébiscite des 21 et 22 décembre 1851 donne pour le département 112784 voix pour et 5720 voix contre. Cela montre bien l'engouement de la Dordogne en faveur du nouveau régime. Pour aller voter, des vétérans de l'Empire ont même revêtu leur vieil uniforme de Wagram et de Waterloo. Un an plus tard, le sénatus-consulte portant rétablissement de l'Empire est adopté massivement par la Dordogne à 98,94 %.

Mais cette période qui va du plébiscite au début de l'Empire est aussi une période de recul des droits de l'homme. À Périgueux, c'est dans la joie que l'on coupe l'arbre de la Liberté, érigé en 1830 et peut-être même plus tôt ! Dans le même temps, le *Journal de Vésone* est menacé de fermeture s'il refuse de se soumettre à la censure. Il préfère obéir.

Les députés périgourdins sont arrêtés à Paris. Dufraisse et Jolivet préfèrent l'exil. Dulac, le député de Sarlat, est arrêté alors qu'il harangue la foule sur la barricade du faubourg Saint-Antoine. Cent seize Périgourdins sont victimes du coup d'État, la plupart placés sous surveillance de la police, mais huit sont déportés en Algérie tandis que le chef démocrate socialiste de Périgueux est incarcéré.

Le préfet, très actif, fait réaliser par ses subordonnés des listes de suspects à « expulser du territoire de la République », à « éloigner momentanément de France » ou du « département de la Dordogne ».

Malgré le caractère autoritaire de ce régime, du moins dans sa première décennie, sa « popularité » est sans doute due, comme le souligne l'historien des droites en France, René Rémond, au

13. Lagrange, Jacques, *La vie en Périgord sous Louis Napoléon III*, Éditions Pilote 24, Périgueux, 1992.

fait qu'il correspond à une sorte de révolte des masses populaires contre les notables départementaux. Cette approche permet de comprendre comment un département hier encore si « montagnard » a pu si vite adhérer au régime de Napoléon III. Elle permet d'essayer d'analyser le terrible drame d'Hautefaye, dans le nord-est du département, advenu le 16 août 1870, au cours duquel des paysans ivres brûlent un noble du voisinage, le marquis de Moneys, sous le prétexte qu'ils l'auraient entendu crier : « Vive la République »[14], bouc émissaire des angoisses du monde rural de l'époque traumatisé par les nouvelles désastreuses de la guerre.

Dans les années 1860, la seconde période du Second Empire, dite libérale, se met en place. La tribune de la Chambre est accessible aux élus, et la liberté de la presse est accordée ainsi que le droit de réunion. Dans le même temps, une nouvelle génération républicaine s'éveille et se prépare à prendre le pouvoir.

## Les conséquences de la révolution industrielle

En 1851, les contributions directes et les revenus fonciers du Périgord s'élèvent à 24,8 millions de francs et les revenus des produits industriels et commerciaux à 3 millions seulement. Cela montre à quel point le Périgord reste encore à l'écart de l'évolution des techniques et des modes de production amenés à transformer radicalement le mode de vie.

Paradoxalement, cette révolution économique commence par provoquer le déclin de l'industrie séculaire de la région, celle des forges utilisant le charbon de bois. Dans les années 1860, les progrès des fers et fontes traités à la houille, le développement des transports, les traités de libre-échange, provoquent le déclin des activités des forges périgourdines qui ne peuvent s'adapter à la concurrence. En dix ans, entre 1859 et 1869, la production des métaux du Périgord est réduite des deux tiers, tandis que les autres industries diminuent en nombre.



14. Corbin, Alain, *Le village des cannibales*, Aubier, 1990, p.55.

Malheureusement, explique Jacques Lagrange[15], personne ne prend conscience de la baisse de la terre, tant en revenus fonciers qu'en rentabilité. Les techniques agricoles, malgré quelques innovations, tel l'élevage du ver à soie au temps de la guerre de Sécession américaine qui handicape les exportations de coton, restent marginales.

Dans certaines régions, la vigne représente 50 % de la surface cultivée.

Pourtant, dans la première moitié du XIX^e^ siècle, grâce à des conditions favorables, la population périgourdine, essentiellement rurale, a augmenté. Au début du Second Empire, la Dordogne fait encore partie des neuf départements ayant moins de 10 % de population urbaine. La population du Périgord atteint ainsi 506 000 habitants en 1851 pour diminuer graduellement par la suite. Si la population de Nontron diminue, celle de Périgueux, le chef-lieu, double presque de 1851 à 1872 pour atteindre 22 000 habitants. Cependant, dans le même temps, la physionomie de la ville change. Comme ailleurs, les faubourgs grossissent et tendent à s'agréger au centre. C'est le cas à Périgueux du Toulon, de Saint-Martin et de Saint-Georges.

Cette évolution est liée bien sûr à l'aventure ferroviaire. Dans son *Histoire du chemin de fer en Périgord*[16], Jacques Lagrange rappelle les étapes de son installation :

- ligne de Coutras à Périgueux en 1857,
- de Périgueux à Brive en 1860,
- de Limoges à Périgueux en 1861,
- enfin de Périgueux à Agen en 1863.

Le ministre Pierre Magne est le grand acteur de la mise en place du réseau de chemin de fer en Dordogne. Mais le département manque de clairvoyance, laissant passer par Brive le grand axe Paris-Toulouse.

Ce chemin de fer qui relie les hommes et les régions et développe dans nos régions la consommation de l'huître et du poisson,

15. Lagrange, Jacques, *La vie en Périgord sous Louis Napoléon III*, Pilote 24 : Périgueux, 1992.
16. Lagrange, Jacques, *Histoire du chemin de fer en Périgord*, Médiapress, 1982.

Pierre Magne.
Cl. Bernard Dupuy,
ville de Périgueux,
coll. du musée du Périgord.

permet aussi aux plus aisés de se rendre dans la station mondaine de Biarritz. Sur place, il entraîne le lent déclin de la navigation fluviale multiséculaire. Ce déclin, très rapide sur l'Isle, se fait en douceur sur le fleuve Dordogne en raison de l'attachement de la population à sa rivière et aux travaux récents d'aménagement accomplis à partir de 1850, qui permettent de se rendre de Domme à Bordeaux en 15 jours[17] !



17. Cocula-Vaillières, Anne-Marie, *Un fleuve et des hommes, les gens de la rivière de Dordogne*, Paris, 1981.

15

# La discrète entrée en III^e^ République

À la suite de la sévère défaite de Sedan contre les Prussiens, la proclamation, le 4 septembre 1870, de la « République », n'augure rien en fait du régime politique qui se mettra finalement en place. Le nord-est de la France est occupé et Paris est en effervescence. Si, le 4 septembre, le maire de Périgueux annonce les événements depuis le balcon de l'hôtel de ville, on crie encore, çà et là, « Vive l'Empereur », comme à Bergerac.

Le 8 février 1871, la Dordogne, comme la majorité des départements, vote pour les conservateurs, c'est-à-dire pour la paix. Face à la liste républicaine qui échoue, les bonapartistes ont fait cause commune avec les monarchistes, qui redressent la tête. À Paris, le général de Mac-Mahon, président de la « République », prépare le retour de l'ultime descendant des Bourbons de France, le comte de Chambord. Mais celui-ci, élevé à l'étranger, et étranger de fait à la langue et aux aspirations des Français, repousse le drapeau bleu blanc rouge qui était celui de La Fayette. Il exige l'impossible drapeau blanc, que refuse depuis Périgueux le général Carey de Bellemare, commandant de la division militaire et vite démis de ses fonctions. Pour l'heure, le pouvoir attend encore un geste du comte de Chambord. Tout est prêt, y compris le carrosse, mais en vain. Jusqu'à la dernière extrémité, pourrait-on dire, la France aura laissé sa chance à la monarchie.

Le haut-fourneau de Sévignac-Lévrier, dernier témoin de l'activité industrielle du Périgord.
Il continue à fonctionner jusqu'en 1930.
Photo Alain Bordes.

Finalement, le 30 janvier 1875, la France entre réellement dans la IIIe République à la suite de l'amendement Wallon[18], refusé pourtant par les élus de la Dordogne.



## Une économie en crise

La période politique qui s'ouvre le 4 septembre 1870 n'infléchit en rien la crise que connaît alors le Périgord, tant sur le plan de sa population qu'au niveau économique.

Commencée sous le Second Empire, la baisse de la population de la Dordogne semble ne jamais vouloir s'arrêter. L'exode rural, conséquence des transformations agricoles, mais aussi de l'affai-

18. Henri-Alexandre Wallon a laissé son emprunte dans l'histoire de la République par l'amendement qui porte son nom. En janvier 1875, son amendement stipule que « Le président de la République est élu à la majorité des suffrages par le Sénat et la Chambre des députés réunis en Assemblée nationale. Il est nommé pour sept ans. Il est rééligible ». Adopté par 353 voix sur 352, ce texte a permis d'introduire dans les lois constitutionnelles la République, la fonction présidentielle et le septennat, tout en consacrant le retour au bicamérisme, l'existence de deux assemblées représentatives.

blissement des revenus, profite à la Gironde et à Paris, tandis que d'autres habitants émigrent en Algérie, voire aux Amériques.

Dans ce département très rural et qui a perdu sa vieille industrie (un seul haut-fourneau, celui de Savignac-Lédrier, continue à fonctionner jusqu'en 1930), la crise du phylloxéra est une véritable catastrophe. De tous les revenus, celui du commerce du vin est en effet le plus important. Entre la chute de l'Empire et la fin du siècle, la superficie du vignoble diminue de 4/5e. Les vignes du centre du département et du nord de Périgueux, hier encore si prospères, disparaissent. Seul le Bergeracois est capable de replanter son vignoble. À ces difficultés s'ajoute à la fin du siècle la baisse du prix des produits agricoles. En effet, la globalisation des échanges que permet le développement des transports maritimes rend les céréales sud-américaines compétitives avec les productions européennes.

Alors que la Double, jusqu'alors pauvre et marécageuse, connaît une mise en valeur notable, la situation du reste du département est en crise. Une des conséquences est la disparition progressive des grandes fortunes foncières et rentières, celles de grands domaines découpés en métairies, lesquelles ne rapportent plus. C'est la fin en quelque sorte, dans le Périgord non viticole, des notables, tant sur le plan économique que social et politique. Un vaste sujet qui reste ouvert à l'étude.

## La mise en place de la République

Le dernier tiers du XIXe siècle est, pour le Périgord, le temps de sa conversion progressive au régime républicain. Pourtant, avec seulement 37 % des suffrages pour les républicains en 1876, rien n'était évident pour ce département qui vote alors à contre-courant de la France d'alors et accueille même sur son sol le président Mac-Mahon, en 1877, lors de la campagne électorale. Il s'agit là encore d'un suffrage majoritairement rural.

Pourtant, alors qu'une poignée de légitimistes croient encore, en Périgord, au retour des Bourbons, fédérés par le comte de Damas et le marquis de Campagne, les républicains trouvent le moyen de faire parler d'eux. Tout part des ateliers du chemin de fer du Paris-Orléans, au Toulon, fort bastion ouvrier du chef-lieu et du Périgord. En écho au soulèvement parisien de la Commune, ces ouvriers refusent l'ordre d'acheminer vers la capitale vingt-quatre wagons blindés munis de canons. Il faut l'intervention énergique de l'armée pour les y forcer.

L'autre événement important est le banquet organisé à l'occasion de l'inauguration de la statue du général Daumesnil, à Périgueux, et au cours de laquelle Léon Gambetta prend la parole pour défendre les idées de raison, progrès, justice et République.

Il s'agit là encore de faits isolés. Le département reste majoritairement bonapartiste. Ce n'est qu'en 1893, quelques années après la fièvre créée par l'aventure du boulangisme, à laquelle la Dordogne adhère fortement, que les bonapartistes disparaissent du paysage politique périgourdin. Lentement, grâce à une politique favorable à l'agriculture, la République réussit à se rallier les suffrages de la paysannerie.

Ces républicains, surtout dans leur courant radical, possèdent depuis leur programme de Belleville, d'avril 1867, un véritable projet reposant sur le « glorieux héritage de la Révolution française » et la défense de la souveraineté du peuple exprimée au travers du suffrage universel. La droite, quant à elle, montre son peu d'attachement à la République et son lien étroit avec l'Église. Elle dévoile au grand jour à l'Assemblée un projet de rétablissement monarchique cautionné par le président Mac-Mahon. Ce dernier fait même pression sur le gouvernement, le 30 mai 1877, pour qu'il soutienne le pape. En fait, la droite a fait comprendre à Gambetta et aux leaders républicains, en négatif, tout ce qu'il fallait changer de façon fondamentale dans les institutions, afin de faire triompher les idées républicaines.

Et en effet, en 30 ans, l'action des républicains réussit à transformer radicalement les mentalités du pays et de la Dordogne.

En premier lieu, pour assurer la promotion des idées, de nouveaux journaux sont créés : *le Républicain de la Dordogne* et *L'Avenir de la Dordogne* (disparu seulement en 1940), lesquels s'opposent au journal bonapartiste *L'Écho de la Dordogne* (qui apporta un vif soutien au général Boulanger) ainsi qu'au quotidien royaliste *Le Tocsin.*

La franc-maçonnerie est très active dans cette politique d'instauration des idées républicaines. Joucla, par exemple, directeur de *L'Avenir de la Dordogne*, est également membre de la Loge de Périgueux. Le lien entre République et franc-maçonnerie est alors si étroit que le député de la Dordogne, Antoine Gadaud, n'hésite pas à déclarer : « La Maçonnerie est la République à couvert, comme la République est la Maçonnerie à découvert[19]. »

C'est aussi avec le soutien du sénateur nontronnais Alcide Dusolier et celui de la franc-maçonnerie qu'un percepteur à la retraite, érudit local et autodidacte, Eugène Le Roy, fait connaître au public ses talents de romancier périgourdin. Si un historien peut légitimement rechercher ce qu'il y a ou non de véridique dans son émouvant *Jacquou le Croquant*, c'est surtout le retentissement de cet ouvrage et les idées qu'il défend qui importent ici, au cours de cette période d'ancrage des idées républicaines dans le département : défense des humbles, vertus laïques, anticléricalisme.

Dans les années 1881 sont promulguées les grandes lois instituant la liberté de la presse et des syndicats et les lois créant l'école gratuite, obligatoire et laïque. Au début de la III^e^ République, en effet, la moitié des habitants sont encore illettrés. Certes, et nous l'avons vu, l'instruction n'a pas attendu Jules Ferry pour exister. L'œuvre de l'Église et notamment des congrégations fut essentielle. Le développement de l'enseignement dans les milieux populaires, bien avant la législation de la monarchie de Juillet rendant la création d'une école élémentaire obligatoire dans chaque commune, doit beaucoup aux Frères des Écoles chrétiennes. C'est d'ailleurs dans l'une de leurs écoles qu'Eugène Le Roy fut élève. En mettant en place l'école laïque, Jules Ferry, reçu franc-maçon en 1875, poursuit deux objectifs nouveaux : il la veut générale et obligatoire, enfin il se donne pour mission de former les citoyens de la République. Ces objectifs culturels entrent bien sûr en conflit avec ceux de l'Église, soupçonnée d'être antirépublicaine. Ce qui renvoie

19. *Histoire du Périgord*, ouvrage collectif, Fanlac, Périgueux, 2000, p. 266.

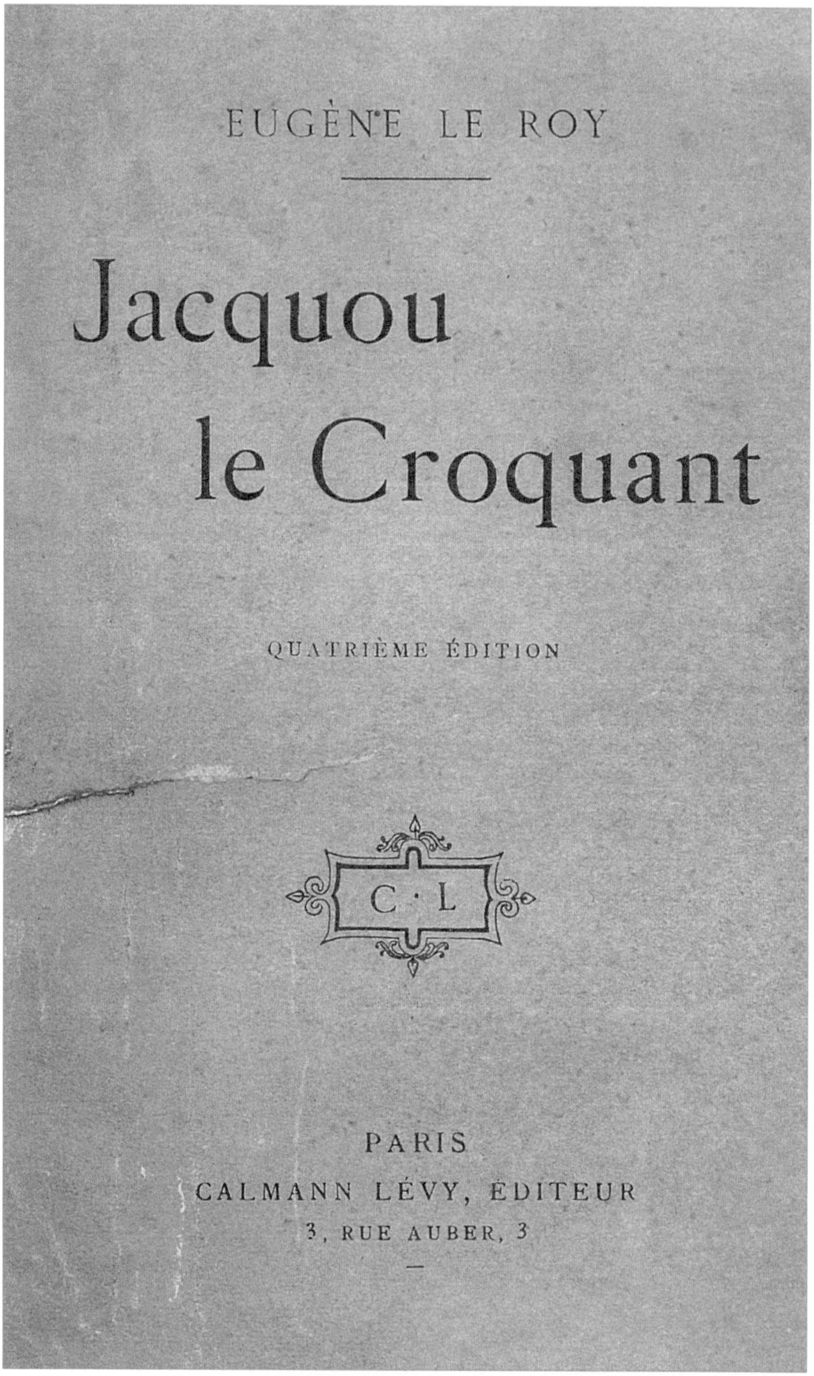

EUGÈNE LE ROY

Jacquou le Croquant

QUATRIÈME ÉDITION

C · L

PARIS
CALMANN LÉVY, ÉDITEUR
3, RUE AUBER, 3

La page de couverture de la 4e édition de *Jacquou le Croquant*,
publiée chez Calmann-Lévy : un mythe littéraire qui eut une grande influence politique.
Bibliothèque municipale de Bordeaux.

au discours de Gambetta du 4 mai 1877 : « Le cléricalisme, voilà l'ennemi ! ». Peu à peu, l'épiscopat perd son contrôle de l'enseignement et les prêtres leur traitement public. Les congrégations non autorisées sont dissoutes. Le 12 juillet 1880, la loi supprime même l'obligation du repos dominical. Ainsi, toute l'organisation quotidienne mise en place par l'Église depuis des siècles est remise en question.

Certes, le Périgord des années 1880 n'est plus celui de 1780. La foi a beaucoup reculé dans les campagnes, même si fêtes et pratiques rythment encore le temps. Cependant, malgré une pause dans les années 1890 marquée par l'action du cardinal Lavigerie annonçant le ralliement des catholiques à la République, les attaques contre les positions de l'Église recommencent au tout début du XXe siècle. Les lois du ministère Combes interdisant l'enseignement aux congrégations et celles de 1904 et 1905 sur la séparation de l'Église et de l'État mettent face à face les hommes politiques périgourdins, en majorité francs-maçons, et un évêque très énergique, Mgr Delamare. Le chanoine Pierre Pommarède, dans son ouvrage sur la *Séparation de l'Église et de l'État en Périgord*[20], a étudié en détail cette crise importante qui, en Dordogne, se traduit par des dénonciations, des expulsions, telles que celle des chartreux de Vauclaire. Une pétition, qui ne fut pourtant pas présentée dans toutes les paroisses et demandant le maintien du Concordat, obtient plus de 100 000 voix, soit plus du tiers des Périgourdins. Peine perdue. L'année 1906 est celle de l'inventaire des biens confisqués à l'Église. De nombreux secteurs du Périgord résistent telles les poches d'une éphémère chouannerie, d'autant que les prêtres célébrant la messe sans autorisation sont poursuivis. Dans cette mise en place de la IIIe République, il semble, en ce début de XXe siècle, que les aspirations de 1789 ont laissé place à celles de 93 !



20. Pommarède Pierre, *La séparation de l'Église et de l'État en Périgord*, Fanlac, Périgueux, 1976.

Cependant, malgré ces crises et ces drames – les passions du boulangisme, la consternation causée en Dordogne par l'assassinat du président Carnot, l'affaire Dreyfus (l'un des acteurs de l'Affaire, le capitaine Coignet, est muté à Bergerac) –, la République paraît enfin solide. Quant aux problèmes politiques, ils sont mis en sommeil par la guerre de 1914 qui paradoxalement réconcilie les Français, mais dans le malheur et face à l'adversité.

## La Grande Guerre

Comme pour les autres départements français, la guerre de 1914-1918 provoque une grande saignée dans la population. Entre les deux recensements de 1911 et de 1921, le département perd 9,3 % de sa population. Étant encore très agricole, le Périgord connaît peu de problèmes de subsistance, malgré les cartes de ravitaillement distribuées en 1918.

La Dordogne est loin du front, aussi, comme d'autres départements du grand Sud-Ouest, profite-t-elle du développement d'industries liées à la guerre. Si Bergerac est choisie en 1915 pour accueillir une manufacture de poudre, elle doit tout autant cette décision à sa belle situation en bordure de la Dordogne qu'à l'influence d'un enfant du pays, Albert Claveille, alors ministre des Travaux publics. Un autre Périgourdin se distingue durant cette période, le dessinateur Sem, qui nous a laissé de belles caricatures de poilus.

De cette période tragique subsistent dans le paysage périgourdin les centaines de monuments aux morts progressivement mis en place, dont l'analyse intéresse maintenant une nouvelle génération d'historiens du patrimoine[21]. Ce lendemain de la guerre est marqué, dans les villages, par le nombre des veuves et la présence des anciens combattants et victimes de guerre.



21. La Société historique et archéologique du Périgord, 18 rue du Plantier, 24000 Périgueux, a entrepris le recensement des monuments aux morts de 1870 et 1914-18.

## L'entre-deux-guerres

Plus qu'en toute autre période, peut-être, le Périgord semble n'être, entre les deux guerres, que l'écho de ce qui se passe plus loin, à Paris, sur le plan politique et, bien au-delà, sur le plan économique.

Les républicains radicaux et leur journal, *La Dordogne républicaine*, dominent cette période avec des hommes politiques tels que Georges Bonnet, ministre des Affaires étrangères, l'un des négociateurs de la triste conférence de Munich en 1938. Le radicalisme apparaît alors comme le parti des petits propriétaires, attachés aux valeurs républicaines et laïques et opposés aux idées marxistes.

La grande nouveauté, au lendemain de la Révolution russe, est le développement d'une extrême gauche communiste. Son journal en Dordogne, *Le Prolétaire*, prône le socialisme révolutionnaire. Ce mouvement est responsable en 1917, 1918 et surtout en 1920, d'une grande agitation sociale qui se traduit à Périgueux par la révocation brutale de plus de 2000 cheminots des ateliers du Paris-Orléans. En 1936, et pour la première fois, deux députés communistes sont élus, l'un à Bergerac, l'autre à Nontron. La Dordogne est ainsi un département dans lequel ce parti possède une forte assise rurale.

Cependant, la tendance dominante durant toute cette période est celle du radicalisme. Aussi le socialisme reste-t-il marginal, malgré la présence d'un Gaston Simounet, maire de Bergerac, mais qui finira par rejoindre l'extrême droite et la collaboration. Signalons ici une militante socialiste périgourdine, Suzanne Lacore, sous-secrétaire d'État à la protection de l'enfance du gouvernement populaire, l'une des trois premières femmes françaises membre d'un gouvernement, bien des années avant que le droit de vote ne leur soit reconnu. Elle avait été choisie par Léon Blum.

L'évolution des idées politiques en Périgord, pendant l'entre-deux-guerres, correspond aussi aux difficultés économiques de la période. Certes, au lendemain du premier conflit mondial, la génération des jeunes morts au combat et le déficit démographique croissant favorisent l'arrivée de cultivateurs bretons, vendéens et italiens, mais la mévente des produits agricoles fragilise encore ce secteur. Les plus touchés sont les métayers et, partant, les anciens notables ruraux qui achèvent de perdre fortune et position locale. Avec l'exode rural et le changement social, la vieille société villageoise se disloque, tout comme ses liens avec le christianisme.

La Dordogne entre lentement dans le XX$^{e}$ siècle. En témoignent les grandes foires de Périgueux et le développement des transports routiers par camions automobiles, tandis qu'en campagne, c'est encore l'ère des bœufs, des chevaux et des mulets.

## Le Périgord au temps de l'« État français »

En 1940, à la suite de la trop grande confiance en notre armée – « la première armée du monde », disait-on – et de sa terrible défaite, la France se trouve coupée en deux. Si la majeure partie du département de la Dordogne appartient à la zone dite « libre », une petite partie, située à l'ouest de la ligne Montpon-Verteillac, est englobée, jusqu'en novembre 1942, dans la zone occupée directement par les Allemands.

À Vichy, une faible majorité de parlementaires périgourdins, cinq sur neuf, accorde les pleins pouvoirs au maréchal Pétain pour mettre en place un nouveau régime politique. Si certains s'abstiennent ou ne prennent pas part aux votes, un seul refuse courageusement, Camille Bedin.

En effet, par une étrange équivoque – reconnaissance envers le maréchal Pétain, le « vainqueur de Verdun », d'avoir sauvé la France du pire, sentiment antibolchévique supérieur à la peur des Allemands –, l'adhésion des Périgourdins au nouveau régime est réelle. À Périgueux, la place située devant le théâtre municipal est même rebaptisée « place du Maréchal Pétain » !

À Vichy, le nouveau régime fait plus qu'improviser. Il met en place un programme baptisé « Révolution nationale » qui s'inspire, entre autres, de l'analyse antirépublicaine développée depuis des années par les tenants de l'Action française. Pour ce mouvement politique, la déroute militaire et politique de mai-juin 1940 constitue une « divine surprise », la possibilité de tenter de mettre en œuvre ses idées.

Le 24 juillet 1940, le ministre de l'Intérieur, Adrien Marquet, socialiste et maire de Bordeaux[22], déclare[23] : « Une politique néfaste aux conceptions sociales et économiques périmées s'est effondrée au premier choc des armées allemandes. Nous sommes sous les décombres du régime, capitaliste, libéral et parlementaire... »

De fait, la première mesure du régime de Vichy, après le vote des pleins pouvoirs, est de mettre le parlement en congé illimité. Ce régime n'aime pas les élus, autant par absence de confiance dans la démocratie que par crainte de leur opposition aux mesures qu'il veut prendre. Aussi supprime-t-il les conseils généraux, tandis que des « conseils départementaux » sont nommés.

La préférence du régime de Vichy va à un contrôle étroit des activités économiques et à la représentation de ce qui est pour lui la « France réelle », c'est-à-dire celle des Français pris dans le cadre de leurs activités professionnelles – d'où la création de « corporations ». Sur le plan agricole, activité chère à ce régime qui prône le « retour à la terre », la loi du 2 décembre 1940 décrète que tous les organismes professionnels agricoles doivent être rattachés à une organisation corporative paysanne très hiérarchisée. Pour la Dordogne, « l'Union corporative régionale », englobant le département, n'est mise en place qu'en avril 1942. À la fin de l'année, elle compte officiellement 538 syndicats pour 587 communes !

En fait, étant données les circonstances, la Corporation paysanne consiste surtout à ordonner le rationnement et les réquisitions au service de l'Allemagne, malgré les appels officiels à la solidarité lancés par Pétain lui-même, tel son message à la paysannerie française publié le 2 avril 1942 dans *La Dordogne agricole* :

« Je connais toutes vos difficultés », leur déclare-t-il, « vous manquez d'engrais, de carburants, de chevaux, de moyens de traction. Vous manquez de main-d'œuvre et vous attendez dans l'anxiété le retour des prisonniers[24]. Certes, vous êtes à plaindre ; mais vous n'êtes pas les seuls et je suis, croyez-le, mieux placé que qui

22. Brana, Pierre et Dusseau, Joëlle, *Adrien Marquet, maire de Bordeaux, du socialisme à la collaboration*, Anglet, Atlantica, 2001.
23. Cité par Badoures, Anne-Marie et Bouyou, Maurice, in *La paysannerie en Périgord, 1940-1950*, Le Mascaret, Artigues-près-Bordeaux, 1983, p. 22.
24. Le nombre de prisonniers de guerre périgourdins s'élevait à 13 750.

que ce soit pour apprécier l'urgence de nos besoins, pour rappeler à chacun le devoir d'entraide et de solidarité que lui imposent les circonstances... »

Concrètement, dès 1940, et sans aucune exigence allemande, Vichy met en place un régime d'exclusion et de persécution qui rappelle en Dordogne de tristes précédents : exclusion de la fonction publique de certaines catégories d'habitants, lutte contre la franc-maçonnerie et ses membres. Dès 1940, une politique antisémite vient frapper les 7 000 juifs de Dordogne, bien étrangers de par leurs activités aux reproches véhiculés par des idéologies qui ici se rencontrent et que partagent à la fois le nazisme et le régime de Vichy. On doit aux travaux récents de Bernard Reviriego[25] d'avoir rendu leurs noms et un peu de leur mémoire aux quelque 1 200 victimes innocentes de cette triste période, arrêtées en Dordogne.

Bien que les indices historiques soient assez minces pour juger de la baisse de popularité ou non d'un tel régime, plusieurs éléments semblent montrer une perte de confiance progressive de la part de la population : l'occupation de tout le Périgord par l'armée allemande en novembre 1943, l'aggravation du rationnement et surtout le Service du travail obligatoire (STO) en Allemagne. Créé par Laval en février 1943, il pousse de plus en plus de jeunes Périgourdins à préférer la Résistance des « maquis » au départ obligatoire vers l'Allemagne ou au travail, au service des Allemands.

La Dordogne n'a cependant pas attendu 1943 pour préparer la revanche sur l'occupant. Dans un premier temps, elle a accueilli les réfugiés, les êtres apeurés et affamés, que l'exode a jetés sur les routes en mai-juin 1940 : les Alsaciens, si nombreux à Périgueux (à l'origine de l'amitié qui perdure encore entre les deux régions),



25. Reviriego, Bernard, *Les juifs en Dordogne, 1939-1944, de l'accueil à la persécution*, Fanlac, Archives départementales de la Dordogne, Périgueux, 2003. « Selon nos estimations [...], écrit Bernard Reviriego (p.-273), la répartition des victimes serait la suivante : 1412 victimes non-juives et 1 186 à 1 196 Israélites, soit un total de 2 598 victimes, au minimum, en Dordogne. Si l'on s'appuie sur la plus haute estimation de la population juive, soit 7 441 personnes en mars 1943, c'est donc 16, 07 % de celle-ci qui est déportée ou exécutée en Dordogne, plaçant le département au dessous de la moyenne nationale, qui est de 24,24 % »

et dont beaucoup reprennent le chemin de l'est; beaucoup de réfugiés d'origine juive aussi, comme il a déjà été dit, et qui sont quelques mois plus tard à nouveau pourchassés. Se sont aussi organisés dès juillet 1940 des réseaux favorisant les relations et les passages de jeunes Français vers l'Afrique du Nord et Londres.

En février 1943 cependant, avec la création du STO et la capitulation allemande à Stalingrad, dont la nouvelle se diffuse malgré la propagande, les maquis périgourdins, à commencer par ceux des massifs forestiers du nord, se gonflent des multiples opposants au régime. La forêt, comme ce fut souvent le cas dans l'histoire périgourdine, joue à nouveau son rôle de repli. En tout, plus de cent groupes distincts de maquisards finissent peu à peu par se regrouper autour de deux organisations reconnues par le « gouvernement de la France libre », basé à Londres:

- les Francs-tireurs et Partisans français, de tendance communiste,
- et l'Armée secrète, plus proche de l'ancienne armée française.

Le but est dans un premier temps de soustraire les hommes à l'ennemi, puis de chercher l'affrontement avec celui-ci afin d'entraver son action. Cette résistance n'est possible qu'avec le concours discret de la paysannerie périgourdine, capable de détourner les réquisitions afin d'alimenter les maquis, malgré dénonciations et propagande.

Les premières actions de la Résistance portent en priorité sur les axes de communication, les voies ferrées, trains, locomotives, lieux de contrôles des axes routiers, mais aussi les usines. Les représailles sont terribles, surtout de la part de la division Brehmer qui sévit au début du printemps 1944. Pour tout Allemand tué, ce sont des civils qui sont arrêtés puis fusillés comme à Brantôme, le 26 mars 1944, ou bien un village entier incendié comme à Rouffignac, le 31 mars. La terreur s'abat ainsi sur tout le département.

À la nouvelle du débarquement allié en Normandie, le 6 juin 1944, les FTP et l'AS libèrent Sarlat, Montignac, Nontron puis Excideuil, Savignac, Thenon. Le nord-est du département est presque entièrement libéré par le maquis. La division Das Reich,

Résistants périgourdins : le groupe Rico.
Archives Sud Ouest.

qui a ordre de regagner au plus vite la Normandie et qui occupe Mussidan en représailles, tuant les habitants au hasard, est retardée de plusieurs jours par les multiples actions d'un maquis faiblement armé.

C'est en août que les combats des maquis contre Allemands et miliciens sont les plus importants. Finalement ceux-ci évacuent Périgueux le 19 août et Bergerac le 21, en prenant le temps d'exécuter des dizaines d'otages. Le 25 août, la Dordogne est libérée. Officiellement, 1 517 hommes, femmes et enfants ont donné leur vie pour que la Dordogne soit libre[26].

Cette période fut un des moments les plus dramatiques de l'histoire du Périgord, tant les combats entre miliciens et résistants, suivis d'une brutale épuration[27], ont pu faire penser à une guerre

26. Lagrange, Jacques, *1944 en Dordogne*, Édition Pilote 24, Périgueux, 1993, p. 11.
27. Lire à ce propos Gillot, Jean-Jacques et Lagrange, Jacques, *L'épuration en Dordogne selon Doublemètre*, Pilote 24, Périgueux, 2002.

civile. « Comment est-on parvenu à un tel degré de haine entre Périgourdins », écrit même à ce propos Jacques Lagrange[28], « quels sentiments ont poussé ces gens à choisir entre le camp des vaincus et celui du refus ? Pourquoi l'esprit de tolérance s'est-il effacé de la conscience collective de chacun ? »



28. Lagrange, Jacques, *1944 en Dordogne*, Édition Pilote 24, Périgueux, 1993, p. 11 et 12.

# 16 De 1945 à nos jours : entre changements et renouveau

Il est temps d'ouvrir ce dernier chapitre sur la période de la Reconstruction : la deuxième partie du XX^e siècle, qui débute en 1945[29], est vraiment pour le département celle d'un renouveau, doublé d'un changement profond :

- retour à la vie démocratique,
- mais aussi déclin de la société rurale et fin de l'isolement relatif de la région.

Les élections d'avril 1944 qui ont lieu alors que la guerre n'est pas encore achevée, et qui accordent enfin le droit de vote aux femmes françaises, ne se traduisent pas pour autant par leur entrée dans la vie politique. Les hommes politiques qui animent le département au début de cette période appartiennent au passé, tels Yvon Delbos ou Georges Bonnet, qui réussit à se faire pardonner sa compromission avec le régime de Vichy, ou bien sont issus de la Résistance, tels Yves Péron, Lucien Dutard, Robert Lacoste ou Yves Guéna qui avait rejoint le général de Gaulle à Londres, âgé seulement de 18 ans.

Sur le plan politique, la guerre mais aussi les attitudes des partis ont provoqué un profond reclassement des tendances de l'opinion. Le rôle actif des communistes dans la Résistance, à partir de 1941, a renforcé leur position électorale, puisqu'ils recueillent désormais 25 % des voix, tandis que la SFIO, futur parti socialiste, prend peu

29. Le recul du temps manque encore pour étudier l'impact des événements nationaux sur la Dordogne au XX^e siècle. Les historiens périgourdins s'intéressent surtout aujourd'hui à la période de la Seconde Guerre mondiale, profitant des témoignages des derniers combattants et déportés ; des études précises font encore défaut sur l'histoire de 1936 en Dordogne, des grandes grèves de 1947 ou les répercussions de la crise de 1968 dans le département.

à peu la place des radicaux, discrédités par leur attitude entre 1939 et 1945. La droite ne fait, elle, qu'un faible score en 1946.

À la suite de la IVe République, à laquelle ils donnent plusieurs ministres, Delbos, Laforest et Lacoste, les Périgourdins se prononcent favorablement en 1958 puis en 1962 (bien que moins nettement que le reste de la France), pour les institutions de la Ve République et l'élection du président de la République au suffrage universel. Dans ce département qui reste à gauche, comme le montrent les résultats aux élections présidentielles successives, les gaullistes réussissent tout de même une percée avec Yves Guéna, député de Périgueux en 1962, appelé aux plus hautes responsabilités tant comme ministre que comme président du Conseil constitutionnel. En 1993 et pour une courte période, le Rassemblement pour la République (RPR), issu du parti gaulliste, remporte les quatre sièges de députés de la Dordogne.

## Fin de la société rurale et « tertiarisation »

C'est au cours des années 1950 que sont peu à peu abandonnées, en Dordogne, les pratiques agricoles traditionnelles qui avaient peu changé depuis des siècles, et en tout cas depuis l'enquête de Brard réalisée en 1835. Petit à petit les dernières paires de bœufs et le cheval laissent la place aux tracteurs, qui n'étaient encore qu'au nombre de 2000 en 1950. Soulignons tout de même qu'en 1950, la population agricole de la Dordogne représentait encore 50 % des actifs.

Mais qui prend le temps aujourd'hui de raconter par le menu le lent changement opéré dans les campagnes et les bourgs du Périgord ? Dans ces années d'après-guerre, le forgeron et son activité animent encore la rue. Peu de circulation, mais beaucoup de monde. Les enfants jouent dans les rues sous l'œil discret des anciens de la guerre de 1914 assis sur un banc ou un petit mur. Au hasard, entre deux jeux, ils entendent parler de Verdun et des tranchées. La séance de cinéma dans la salle patronale est encore un événement, tout comme les grandes fêtes religieuses. À Mareuil-sur-Belle, le prêtre qui vient célébrer la messe est encore précédé d'un « suisse » portant une hallebarde et vêtu d'un bel habit bigarré. Cinquante ans plus tard, le village a perdu tous ses liens avec la vie rurale d'autrefois. Les rues sont vides ou presque, propres elles ont été aménagées à l'« ancienne ». Les enfants jouent chez eux. Comme un peu partout, il y a désormais une maison de retraite confortable pour les « anciens ». C'est là, et pour quelques années encore, qu'en franchissant la porte du réfectoire, il est possible d'entendre parler le vieil occitan périgourdin, en des accents si chantants que l'on croit se retrouver un jour de marché au village, il y a quelques décennies de cela.

Que l'on pardonne cette courte évocation, mais c'est bien ainsi que la vie quotidienne a lentement changé dans les bourgs, et ce qui se passe alors en Périgord, entre 1945 et l'an 2000, se passe aussi ailleurs.

De 50 %, les actifs employés alors dans l'agriculture[30] sont passés aujourd'hui à moins de 16 %. La polyculture d'autrefois, en grande partie autarcique, est aujourd'hui limitée à quelques productions destinées aux marchés. Le nombre des exploitations a diminué. Ce sont des entreprises spécialisées et modernes, répondant de plus en plus aux nombreuses normes de qualité relatives aux produits mais aussi à la protection de l'environnement.

Comme le dit si bien René Pijassou, « le temps des notables rentiers du sol est bien révolu, celui de Jacquou le Croquant aussi[31] ». Globalement, la carte des productions agricoles, telle celle du merveilleux *Atlas* de Patrick Ranoux, nous montre quelques spécialisations régionales :

- céréales et grandes cultures dans les campagnes du nord-ouest et du sud, où se trouvent les plus vastes exploitations agricoles du département,

30. 104580 en 1954, *Histoire du Périgord*, Privat, op. cit., p. 298.
31. Pijassou, René, « Les trois Républiques et le déclin des notables… » in *Histoire du Périgord*, ouvrage collectif, sous la direction d'Arlette Higounet-Nadal, Privat, Toulouse, 1983, p. 299.

- vergers et fruits en plusieurs régions, celle d'Excideuil pour les pommes, celle de Vergt pour la fraise, aujourd'hui très concurrencée, mais aussi le Bergeracois ou le sud-est pour le pruneau,
- vignoble d'appellation Bergerac,
- élevage concentré sur la façade est du département qui s'appuie sur des labels ou alimente des fromageries.

Sans oublier de façon générale la grande extension de l'élevage des oies et canards ou des plantations de noyers et chênes truffiers.

Les responsables de cette mutation agricole sont bien sûr des Périgourdins « de souche », mais aussi des agriculteurs de toutes origines, italiens, bretons, belges ou français du nord de la France arrivés pendant l'entre-deux-guerres ou rapatriés d'Afrique du Nord, installés en Périgord, les bras pleins de leurs rêves de réussite ou de nouvelle vie, porteurs aussi de riches expériences.

L'envers de cette mutation agricole, c'est une SAU[32] qui ne représente plus que 70 % de celle de 1870. C'est aussi une forêt qui s'est accrue et qui occupe aujourd'hui 43 % du territoire périgourdin, gagnant chaque jour sur la déprise humaine, une forêt de taillis, dont l'exploitation se développe après des décennies de quasi-abandon, de même que les espaces plantés en futaies. Cette alternance de périodes de défrichements, comme au temps des forges, ou de retour en force de la forêt, au cours de l'histoire, renvoie à l'ouvrage, autrefois si renommé, de Gaston Roupnel sur l'*Histoire de la campagne française*[33] !

À côté des secteurs d'activité déjà cités, l'industrie périgourdine n'est pas un « parent pauvre », malgré les qualificatifs employés souvent pour la caractériser, car elle emploie, avec le bâtiment, 24 % de la population active. Il s'agit d'industries très variées, allant de l'agroalimentaire à la chimie, s'appuyant sur des structures de petite taille localisées dans les vallées ou autour des centres

32. Surface Agricole Utilisée. Il s'agit de la surface déclarée comme utilisée pour des activités agricoles par les exploitants.

33. Roupnel, Gaston, *Histoire de la campagne française*, Paris, Grasset, 1955, réédition de l'ouvrage de 1932.

La vallée de la Dordogne et ses activités nautiques.
Photo Pascal Moulin.

urbains, c'est-à-dire à proximité des principaux axes de transports.

Les tendances générales de l'économie de la Dordogne sont en fait assez proches de celles de la France. À une exception près : le fort développement d'un tourisme qui est ici vert et culturel. Bien encouragé au départ par l'action de restauration de Malraux en faveur de Sarlat, le Périgord profite de son important patrimoine qui comprend grottes, églises, cœurs de villes, innombrables châteaux et musées thématiques.

On estime que 1,5 million de personnes pratiquent ce tourisme en Dordogne. La plupart ne font que passer ; certains, Français, Anglais ou Néerlandais, regagnent une résidence secondaire, soin de leur attention année après année. Si le bilan de cette activité est positif, celle-ci est néanmoins difficile à analyser dans son ensemble. Elle crée assez peu d'emplois permanents mais soutient de très nombreuses autres activités tels le commerce, l'agriculture, l'artisanat, l'hôtellerie et la restauration. Elle contribue aussi à l'entretien du patrimoine monumental – car la moindre maison paysanne autrefois délaissée est aujourd'hui transformée en résidence –, ainsi qu'à une prise de conscience par les communes de leurs richesses. Aujourd'hui ce sont les vestiges des châteaux et demeures féodales, grandes ou modestes, qui reçoivent le soin des architectes du patrimoine, à Castelnaud bien sûr, mais aussi, plus modestement à Saint-Alvère, Villamblard et même au centre du bourg d'Issac.

Ce tourisme a d'abord concerné le Sarladais et le Périgord noir. Là se concentrent le plus grand nombre de sites ouverts au public, y compris factices, tel Lascaux II, ainsi que le plus grand nombre de résidences secondaires, de gîtes et de campings. De fait, nous sommes là dans un des plus grands espaces touristiques de l'Aquitaine, situé à cheval entre la Dordogne et le Lot voisin, et s'étirant de Padirac à Trémolat.

Progressivement, dans le dernier tiers du XX<sup>e</sup> siècle, le reste du département a pris conscience de l'intérêt du tourisme, à commencer par Périgueux dont le vieux centre a été rénové sous l'action d'Yves Guéna et de Jacques Lagrange. Le développement du tourisme concerne ainsi de plus en plus les vallées de la Dronne et le Nontronnais, englobé aujourd'hui dans un nouveau parc régional.

Ce développement récent du tourisme a accompagné celui des emplois tertiaires, qui occupent actuellement 61 % de la population et a entraîné le développement des villes. Là se concentrent services, commerces, administrations décentralisées de l'État, hôpitaux. Cependant, le taux d'urbanisation de la Dordogne reste modeste car ce département est encore le plus rural de toute l'Aquitaine avec 43 % de la population habitant dans une campagne riche de ses chapelets de villages de caractère. Il reste avec imagination à remédier à l'extension anarchique des environs urbains, défigurant les abords des villes ou « mitant » le beau patchwork des cultures. Sur ce point, Périgueux vient de se distinguer en remportant, pour l'aménagement de son entrée, en provenance de Bergerac, le prix du concours des entrées de ville, signe d'une attention nouvelle à l'environnement urbain.

Finalement, dans ce département, pour lequel le mot de « crise » a été si souvent employé, la situation, par rapport au reste de la France, et aux autres pays européens, est loin d'être négative. Certes, l'activité industrielle y est modeste et l'agriculture, de plus en plus spécialisée, n'utilise qu'une petite partie de la SAU, mais sa qualité de vie attire et fait du département l'un de ceux qui ont un solde migratoire excédentaire. Avec près de 390 000 habitants – et en oubliant le pic du demi-million atteint en 1851, à l'aube de la révolution industrielle –, le département se maintient bien. Si sa population est âgée et son solde naturel déficitaire, c'est que justement elle attire le troisième âge ! Mais faut-il pour autant, comme le souhaitent certains, faire de ce département un lieu d'accueil privilégié des retraités ?

# Conclusion
## L'avenir reste à inventer

Il est possible que les géographes détiennent certaines clefs d'analyse sur les perspectives d'avenir de la région. Dans un sous-continent européen largement dominé au niveau décisionnel et industriel par l'axe rhénan et ses prolongements, dans un rayon de 300 kilomètres à partir des rives du Rhin, la Dordogne se situe encore dans une zone périphérique, celle de « l'Arc atlantique », espace marginal par la structure de sa population active, inclue dans la zone des régions aidées par l'Europe dans leur modernisation. Le temps de l'équité spatiale, durant lequel l'État républicain voulait rendre les citoyens égaux entre eux dans l'espace face à l'accès aux services publics, semble aujourd'hui dépassé. La création d'un parc régional, tel celui de Bandiat-Tardoire, devenu Haut-Périgord-Limousin, traduit la volonté d'une spécialisation des espaces. Cela fait craindre une évolution à l'américaine dans laquelle le citoyen finit par se déplacer entre trois zones bien délimitées : son « zoning résidentiel » situé dans des agglomérations largement étalées dans un espace ayant perdu sa valeur agricole, son « zoning professionnel » dans le centre ville ou le long des rocades, enfin le « zoning récréatif » correspondant souvent à un « rural profond », espace abandonné par l'homme et « protégé ».

L'entrée du Périgord dans le XXI^e siècle, la traversée, longtemps rêvée, du département par l'autoroute A 89 qui le relie à Bordeaux et bientôt à Lyon, va en partie dans le même sens. Les mouvements de circulation pendulaires entre Bordeaux et sa lointaine banlieue finiront par rejoindre Montpon, voire Mussidan. Ce tracé de l'autoroute A 89, qui retrouve celui des grandes voies gallo-romaines, risque de concentrer population et activités dans son sillage, polarisant les hommes à 20 minutes de ses échangeurs, tandis que le grand axe autoroutier situé à l'est du département, celui de Paris-Limoges-Cahors-Toulouse, commence à attirer le Sarladais et ses enfants vers cette dernière métropole. Ainsi, de nouveaux pôles, de nouveaux flux, animent ce département situé sur le contrefort sud-ouest du Massif central. Évolution perceptible certes, mais qui n'est pas la seule et dont les effets négatifs peuvent être contrecarrés par d'autres. Les équipements, les innovations technologiques de ce début de XXIe siècle ont presque achevé de désenclaver le département. L'arrivée des premiers kilomètres d'autoroutes correspond à peu près au premier branchement Internet. De la même façon que la distance en temps nécessaire pour aller d'un point à un autre diminue, comme le montrent les cartes isochroniques, celle qui sépare le Périgourdin des autres, de ses administrations, de ses fournisseurs, de ses marchés, de sa famille, diminue elle aussi. L'espace, même périgourdin, change de nature.

Cette évolution des communications depuis la Seconde Guerre mondiale a eu le mérite de rapprocher les hommes et les idées et de permettre une meilleure coexistence des pensées et des modes de vie. Cela est gage d'avenir dans un pays riche d'histoire et d'histoires, mais également marqué, nous l'avons vu, par des périodes douloureuses.

Le Cheyrat,
octobre 2007

# Bibliographie


## Ouvrages généraux

Cocula, Anne-Marie, et alii, *Histoire du Périgord*, Éd. Fanlac, Périgueux, 2000.

Dessalles, Jean-Léon, *Histoire du Périgord,* 3 volumes, Périgueux, 1883-1886.

Escande, Jean-Joseph, *Histoire du Périgord*, 2 volumes, Cahors, 1934.

Genty, Michel, in *Dordogne-Périgord*, Éditions Bonnefon, Paris, 1993.

Higounet-Nadal, Arlette*, Histoire du Périgord*, sous la direction de A. Higounet-Nadal, Privat, 1983.

Ranoux, Patrick, *Atlas du Périgord*, 24210, Montrem, 1996.

Secret, Jean, *L'art en Périgord*, Périgueux, Office départemental du Tourisme de la Dordogne, 1976.

## Préhistoire

Delluc, Brigitte et Gilles, *Les deux abris de Cro-Magnon aux Eyzies-de-Tayac*, Les Eyzies, Bull. de la SERPE, 32, 1983, p. 75-78.

Delluc, Brigitte et Gilles (sous la dir. de) « Le Périgord préhistorique », *Reflets du Périgord*, n° hors série, 1993.

Delluc, Brigitte et Gilles, *L'affaire de l'abri du poisson aux Eyzies : Otto Hauser non coupable*, Bulletin de la Société Historique et Archéologique du Périgord, CXXIV, 1997, p. 171-177.

Delluc, Brigitte et Gilles, *La vie des hommes de la préhistoire*, Éditions Ouest-France, 2003.

Leroi-Gourhan, André, *Les religions de la préhistoire*, PUF, Paris, 1964.

Leroi-Gourhan, André, *Préhistoire de l'art occidental*, Paris, Mazenod, 1971, 2e édition, 499 p.

Pauvert, Dominique, *Dolmens et menhirs de la Dordogne*, Documents d'archéologie et d'histoire périgourdines, Périgueux, Réjou, 1995, 1995 ; Bulletin de la Société de Mythologie Française : 203 (2e trimestre 2001), « *La mère des pierres* » et thèse en cours : *Mythes et symboles de l'Europe mégalithique*, EHESS, Toulouse.

## Protohistoire

Chevillot, Christian, « La civilisation de la fin de l'Âge du Bronze en Périgord », *Le Bronze final III*, Périgueux, Éditions Médiapress, 1981.

Chevillot, Christian, *Sites et cultures de l'Âge du Bronze en Périgord,* Périgueux, Éditions. Vesunna, 1989, 2 tomes.

Chevillot, Christian, Delsol, J., et Lantonnat, M., *Puits à offrandes et rites chthoniens chez les Pétrucores au Ier siècle av. J.-C.*, Documents d'Archéologie et d'Histoire périgourdine, th, 1996, p. 41-65, 18 fig.

## Période gallo-romaine

Barrière, Pierre, *Vesunna Petrocoriorum, Histoire d'une petite ville à l'époque gallo-romaine*, Périgueux, 1930.

Barrière, Claude, « *Domus Pompéia* ». *Fouilles de la villa des Bouquets à Périgueux* (première campagne de fouilles). Documents d'Archéologie et d'Histoire Périgourdines, Périgueux, 1996.
Bost, Jean-Pierre, « *Le Périgord antique* » in Higounet-Nadal, Arlette (dir.), Histoire du Périgord, Toulouse, Privat, 1983, p. 31-54.
Casagrande, Frédéric, *Inventaire des amphores gréco- italiques et Dressel 1, découvertes en Dordogne*, TER, 2001 (Direction M. Colin), Université de Bordeaux-III Centre Pariset.
Girardy-Caillat, Claudine, *L'enceinte gallo-romaine de Périgueux*, dans Enceintes urbaines en Aquitaine, Documents d'archéologie Française, n° 53, Paris, 1996, p. 128-154.
Hanry, Alexandra, *L'occupation du sol et la mise en valeur des campagnes de la cité des Petrocores* (communes de Martignac, Aubas et Auriac du Périgord), TER, 2001, Université de Bordeaux-III Centre Pariset.
Higounet, Arlette et Charles, *Les origines et la formation de la ville du Puy-Saint-Front de Périgueux*, dans Annales du Midi, 1978, t. 90, p. 257-274
Pommarède, Abbé Pierre, *La Saga de Saint Front*, Périgueux, 1997.
Taillefer, Wlgrin de, *Antiquités de Vésone, cité gauloise, remplacée par la ville de Périgueux, ou description des monuments religieux, civils et militaires de cette antique cité et de son territoire*, 2 volumes, Périgueux, 1821-1826.
Tétard, Guillaume, *La route de Bordeaux à Périgueux dans sa partie girondine du Ve au XVIIIe siècles*, TER, 1996 (Direction : Jean-Bernard Marquette), Université de Bordeaux-III, Ausonius.

## Moyen Âge

*Aquitaine ducale (l'), entre France et Angleterre*, par Boutoule, Frédéric ; Barnabé, Patrice ; Marquette, Jean-Bernard ; et autres, Apt, 2004.
Beauroy, J., *Vin et société à Bergerac du Moyen Âge aux Temps modernes*, Stanford University, 1976.
Charrier, G., *Les Jurades de Bergerac*, 13 volumes, Bergerac, 1892-1904.
Charet, J., *Le Bergeracois des origines à 1340*, Bergerac, 1950.
Debord, André, *Les bourgs castraux dans l'Ouest de la France*, Actes du Ier colloque de Floran, 1979, Auch, 1980 ; *Le mouvement de paix et la naissance des châtellenies*, actes de la 1re rencontre internationale d'archéologie et d'histoire du Périgord, Périgueux, 1994, Paris, 1995.
Dessalles, Jean-Léon, *Histoire du Périgord*, 3 volumes, Périgueux, 1883-1886.
Diot, M. F. et Laborie, Yann, *Polynologie et histoire urbaine. Essai sur la dynamique du paysage du Ier au XVe siècle autour du site de Bergerac*, Aquitania, 1990.
Escande, Jean-Joseph, *Histoire du Périgord*, 2 volumes, Cahors, 1934.
Fénelon, Paul, *Structure agraire d'un finage périgourdin*, Trémolat, Noriois, t. 5, 1958.
Fournioux, Bernard, *Une bastide vicomtale en Périgord, Bonneval*, Bull. SHAP, 1980 ; *Une fondation plantagenaise avortée en Périgord : la bastide de Goyran*, bull. SHAP, 1984 ; *Les chevaliers périgourdins et leur assise territoriale aux XIIIe-XIVe siècles*, Archéologie médiévale, 1988.
Fournioux, Bernard, « Le décor quotidien d'un seigneur châtelain périgourdin au Moyen Âge », *la vie de château*, Cahiers de Commarque, 1992.
Fournioux, Bernard, *Montignac au Moyen-Âge*, Fanlac, Périgueux, 2002.
Gardelles, Jacques, *Les châteaux du Moyen Âge dans le sud-ouest de la France, la Gascogne anglaise de 1216 à 1327*, Genève, 1972.
Goineaud-Bérard, *Templiers et hospitaliers en Périgord*, Pilote 24, Bordeaux, 2002.

Grillon, L., Reviriego, Bernard, *Le cartulaire de l'abbaye Notre-Dame de Chancelade*, Archives départementales de la Dordogne, 2000

Grillon, L., Reviriego, Bernard, *Le cartulaire de l'abbaye Notre-Dame de Dalon*, Archives départementales de la Dordogne, 2004.

Higounet-Nadal, Arlette, *Les comptes de la taille et les sources de l'histoire démographique de Périgueux au XIVe*, Paris, 1965.

Higounet-Nadal, Arlette, *Histoire de l'Aquitaine*, sous la direction de Charles Higounet, Privat, 1971.

Higounet-Nadal, Arlette, *Périgueux aux XIVe et XVe siècles*, Bordeaux, 1978.

Higounet-Nadal, Arlette, *Familles patriciennes de Périgueux à la fin du Moyen Âge*, Paris, CNRS, 1983.

Higounet-Nadal, Arlette, *Histoire du Périgord*, sous la direction de A. Higounet-Nadal, Privat, 1983.

Ignace, J.-C., *Les paroisses consacrées à Saint-Martin en Dordogne*, Bull de la Société Historique et Archéologique du Périgord, 1992.

Laborie, Yann, *État de l'inventaire des structures fortifiées médiévales en Périgord*, Actes du 1er colloque Aquitania tenu à Limoges, 1987, Féd. Aquitania, 1990.

Laharie, Muriel, *Le pouvoir comtal en Périgord de la fin du Ie siècle à la fin du XIIIe siècle*, Actes du XXXe Congrès de la Fédération Historique du Sud-Ouest, 1978, Périgueux, 1981.

Laharie, Muriel, *Evêques et société en Périgord du Xe au milieu du XIIe siècle*, Annales du Midi, 1982.

Lartigaud, Jean, *Les aspects de la reconstruction du XVe siècle dans les châtellenies de Castelnaud et Berbiguières*, Bulletin de la Société Historique et Archéologique du Périgord, 1981

Lavergne, Géraud, *Histoire de Périgueux*, 1945.

Marquette, Jean-Bernard et Renouard, Yves, *Histoire médiévale d'Aquitaine,* tome I, *Les relations franco-anglaises au Moyen-Âge et leurs influences à long terme*, Princi Negue, Pau, 2005.

Maubourguet, Jean, *Le Périgord pendant la guerre de Cent ans*, Bulletin de la Société Historique et Archéologique du Périgord, 1915.

Maubourguet, Jean, *Le Périgord méridional, t. 1, des origines à 1370*, Cahors, 1926; t. 2, *Histoire politique et religieuse, 1370-1453*, Paris, 1930.

*Occupation du sol du Périgord,* sous la direction de Charles Higounet, CNRS, Paris, 1978.

Penaud, Guy, *Le voyage de saint Géry en Périgord (début du VIIe siècle)*, in Bulletin de la Société Historique et Archéologique du Périgord, tome CXXXVI, 1999.

Secret, Jean, *Périgord roman*, 1979 et *Promenades en Périgord roman, itinéraires culturels*, Zodiaque, Paris, 2002.

Tenant de La Tour, G., *L'homme et la terre, de Charlemagne à St Louis*, Desclée de Brouwer, 1953

Vigié, L., *Les bastides du Périgord*, Mémoire de l'Académie des Sciences et des Lettres de Montpellier, 1907.

Vigié, L., *Histoire de la châtellenie de Belvès*, Périgueux, 1902

## L'époque moderne

Arlot de Saint-Saud, A., *Verreries et verriers du Périgord*, in Bulletin de la Société Historique et Archéologique du Périgord, t. LXVII.

Barrière, Pierre, *La Vie intellectuelle en Périgord*, 1550-1800, Bordeaux, Delmas, 1936.

Becquart, Noël, *Coup d'œil sur le vignoble périgourdin vers 1835*, Bordeaux, Vignobles et vins d'Aquitaine, 1970.
Bélingard, Jean-Marie, *Le Périgord des maisons fortes*, Pilote 24 Édition, Périgueux, 1999.
Bélingard, Jean-Marie, Audrerie, Dominique, du Chazaud, Emmanuel, *Le Périgord des chartreuses*, 2e édition, Éditions Pilote 24, Périgueux, 2000
Bercé, Yves-Marie, *Histoire des Croquants*, Paris-Genève, 1974, 2 vol.
Bonnichon, J., E., *Recherches sur l'économie et la société de Périgueux au XVIIIe siècle*, D.E.S., Paris-Sorbonne, 1957.
Bussière, Georges, *Etudes historiques sur la Révolution en Périgord*, Périgueux, 1877-1903, 3 volumes.
*Cahiers de doléances du Nontronnais*, sous la direction de R. et D. Beaudry, Serge La Barbera, M. Mange, D. Marcadet, Lycée Alcide Dusolier, Nontron, 1989.
Jean Tarde, *Les Chroniques,* Paris, 1887
Cocula-Vaillières, Anne-Marie, *Quelques aspects du trafic des vins sur la Dordogne au XVIIIe siècle*, Paris, Tallandier, 1981.
Cocula-Vaillières, Anne-Marie, *Un fleuve et des hommes, les gens de la rivière de Dordogne*, Paris, Tallandier, 1981, réédition 1996 sous le titre *La Dordogne des bateliers.*
Cocula-Vaillières, Anne-Marie, *Brantôme, amour et gloire au temps des Valois*, Paris, Albin Michel, 1986.
Cocula-Vaillières, Anne-Marie, *Étienne de La Boétie*, Bordeaux, Taillandier, 1995.
Cocula-Vaillières, Anne-Marie, « L'introduction de la réforme en Périgord », in *Hommages rendus à Bernard Guillemain.*
Combet, Michel, *Jeux de pouvoir et familles : les élites municipales à Bergerac au XVIIIe siècle*, Université de Toulouse Le Mirail, F.H.S.O., mai 1997.
Costedoat, René, *Le peuple rebelle des huguenots de Bergerac entre despotisme et tolérance*, Beauregard et Bassac, 1987.
Costedoat, René, « les 750 ans de la bastide de Ste Foy », in *Les amis de Ste Foy.*
Delpont, Hubert, *La victoire des croquants. Les révoltes paysannes du grand sud-ouest pendant la Révolution, 1789-1799*, 2002, 535 pages, Thèse de doctorat de Bordeaux-III.
Dusolier, E., « *Les anciennes verreries de la Double* », in Bulletin de la Société Historique et Archéologique du Périgord, t. LXVII
Helpiquet, Carole, *Fêtes de la Révolution et déchristianisation en Périgord (1789-1799)*, TER, 1989, Direction Anne-Marie Cocula, Université de Bordeaux-III, bibliothèque de la section histoire, DM 118.
Giffault, Jacques, *Société et démographie en Sarladais au XVIIIe siècle*, TER, 1970 (Direction : M. Braure), BSH Université de Bordeaux-III DM 153.
Gossare, Emmanuel : *La vie quotidienne des habitants de Sarlat à partir des archives judiciaires (1674-1787),* TER, 1999 (Direction : Anne-Marie Cocula), Université de Bordeaux-III CAMMC.
Grolhier, Arnaud, *Les guerres de religion dans le nord du Périgord, entre isle et tardoire. Résistances et adhésions au protestantisme (XVIe-XVIIe siècles),* TER, 2002 (Direction : Anne-Marie Cocula), Université de Bordeaux-III CAMMC.
Larcade, Véronique, *Les capitaines gascons à l'époque des guerres de religion*, Éditions Christian, décembre 1995.
Larcade, Véronique, *Les cadets de Gascogne. Une histoire turbulente*, Éditions Sud Ouest, 2005.
Loupès, Philippe, *Chapitres et chanoines de Guyenne aux XVIIe et XVIIIe siècles*, Éditions de l'Ecole des Hautes Etudes en sciences sociales, 1985.

Mandon, Guy, *La dîme ecclésiastique au XVIIIe siècle*, TER, Université de Bordeaux-III, Direction : M. Braure, 1970.
Mandon, Guy, *La société périgorde au siècle des Lumières : le clergé paroissial*, Périgueux, 1982.
Mas des Bourboux, Gontran du, *Le Périgord à la chambre de l'édit de Nérac*, Bulletin de la Société Historique et Archéologique du Périgord, t. CXXV, 1998.
Mas des Bourboux, Gontran du, *Le Périgord des nobles bourgeois du XVIIIe siècle*, Périgueux, Éditions Pilote 24, 2003. Réédition de la thèse de doctorat sur les *Nobles citoyens de Périgueux, aspirations et mobilité d'un bourgeoisie d'Ancien Régime*, Paris IV Sorbonne, 1989.
Mas des Bourboux, Gontran du, *Maintenues et armorial de la noblesse du Périgord sous Louis XIV et la Régence*, préface de Michel Figeac, Mémodoc, Versailles, 2006.
*Périgord révolutionnaire, Le grand livre sur la Révolution en Périgord*, publication de la Société Historique et Archéologique du Périgord, Périgueux, 1989.
Poussou, Jean-Pierre, *Bordeaux et le Sud-ouest au XVIIIe siècle, croissance économique et attraction urbaine*, Paris, 1983.
Puydebois, Stéphane, *L'école de la Révolution en Périgord : 1789-1799*, 2 tomes, TER, 1989 (Direction : Anne-Marie Cocula), BSH-Université de Bordeaux-III DM 376 (A) (B).
Rebière, Christelle, *Les États du Périgord, des temps modernes à la Révolution*, TER, Université de Bordeaux-III, Direction : Anne-Marie Cocula, 1999.
Vauban, *Mémoire pour la défense des huguenots*, 1689.
Verneuilh-Puiraseau, M. de, *Mes souvenirs de 75 ans*, Limoges, Barbou, 1836.

## Époque contemporaine

*Bergerac et le Bergeracois*, Actes du XLIIe Congrès d'études régionales de la Fédération Historique du Sud-Ouest, Talence, Fédération Historique du Sud-ouest, 1992.
*Cent portraits périgourdins*, Périgueux, Société historique et archéologique du Périgord-Fanlac, 1980.
Becquard, Noël « Le général Boulanger et la Dordogne », Bulletin de la Société Historique et Archéologique du Périgord, 1981.
Bélinguard, Olivier, *Le mouvement communiste en Dordogne dans l'entre-deux-guerres*, TER, 1992, BSH-Université de Bordeaux-III.
Brives, Henri, *Cent vingt ans de chemin de fer. Le réseau P.O. Dordogne, Périgueux*, Copédit, 1984.
Chanteloube, Jean, *Le mouvement républicain populaire en Dordogne (1945-1958)*, TER, 1996 (Direction : Bernard Lachaise), BSH Université de Bordeaux-IIIDC 577.
Chevalier, Florence, *Les Français Libres de Dordogne, histoire et mémoire*. TER, 2004 (Direction Bernard Lachaise), Université de Bordeaux-III CAMMC.
Chevé, Joëlle, *Eugène Le Roy (1836-1907) Icare au pays des croquants*, Éditions Sud Ouest, Bordeaux, 2000.
Combet, Michel, Morette, Anne-Sylvie, *La Dordogne de Cyprien Brard*, Textes et documents (2 volumes), Périgueux, Archives départementales de la Dordogne, 1995.
Corbin, Alain, *Le village des cannibales*, Paris, Aubier, 1990.
Coudoumie, Muriel, *La vie quotidienne à Sarlat de 1870 à 1914*, TER, 1996 (Direction : Pierre Guillaume), BSH Université de Bordeaux-III DC 606.
Coustellier, René, *Le groupe Soleil dans la Résistance*, Périgueux, Fanlac, 1998.
Criner, Bertrand, *Les combats autour de querelles scolaires, de 1851, 1959-60 et 1884 en Dordogne*. TER, 2001 (Direction Bernard Lachaise), Université de Bordeaux-III CAMMC.

Delmon, Marc, *Evolution de l'alphabétisation et de la scolarisation en Sarladais de 1789 à 1914*, TER, 1985, BH ; BSH-Université de Bordeaux-III DC 390 (A-B).
*Dordogne-Périgord* (collectif), Paris, Éditions Bonneton, 1993.
Dougnac, Bernard, *Suzanne Lacore. Biographie 1875-1975*, Périgueux, Fanlac-Institut aquitain d'études sociales, 1996.
Egnell, Érik, *Napoléon et la Dordogne*, préface de Jean Tulard, Pilote 24 Édition, 2006.
Fayolle, Garard, *50 ans de batailles politiques en Dordogne 1945-1995*, Périgueux, Fanlac, 1997.
Fayolle, Gérard, *De la Révolution à la Libération, Histoire du Périgord, tome II,* Périgueux, Fanlac, 1984.
Fayolle, Gérard, *La vie quotidienne en Périgord au temps de Jacquou le Croquant*, Paris, Hachette, 1977.
Gillot, Jean-Jacques et Lagrange, Jacques, *L'épuration en Dordogne selon Doublemètre*, Pilote 24, Périgueux, 2002.
Gillot, Jean-Jacques, *Les communistes en Dordogne* (1917-1958), Thèse de doctorat, Université de Bordeaux-III, Éditions Pilote 24, 2007.
Fred, Capitaine, *La Brigade RAC, armée secrète Dordogne Nord*, Saint-Yrieix, 1977.
Fred, Capitaine, *Bataillon Violette*, Saint-Yrieix, 1975.
Genty, Monique, *Le désenclavement routier et ferroviaire des villes du Périgord et du Bas-Limousin au XIXe siècle*, Toulouse, Annales du Midi, t. XCIII, p. 279-291.
Gibson, Ralph, *Les notables et l'Église dans le diocèse de Périgueux, 1821-1905*, thèse inédite, Lyon, 1979.
Lachaise, Bernard, *Le gaullisme dans le Sud-ouest au temps du RPF*, Talence, Fédération Historique du Sud-ouest, 1997.
Lachaudru, J.-Y, *Le Front populaire en Dordogne,* TER, Bordeaux-III, 1971.
Lacoste, P., *Les républicains en Dordogne au début de la IIIe République (1870-1877),* TER, Bordeaux-III, 1972.
Lagrange, Jacques*, Le chemin de fer en Périgord (1850-1871),* Périgueux, Racines, 1982
Lagrange, Jacques, *La vie en Périgord sous Louis Napoléon III*, Périgueux, Pilote 24, 1992.
Lagrange, Jacques, *1944 en Dordogne*, Périgueux, Pilote 24, 1994.
Lagrange, Jacques, *Yves Guéna, face et profils*, Périgueux, Pilote 24, 1994.
Noël, Nicolas, *Le passage de la SFIO au PS en Dordogne (1968-1981),* TER, 2003 (Direction : Bernard Lachaize), Université de Bordeaux-III CEMMC.
Penaud, Guy, *Histoire de la franc-maçonnerie en Périgord*, Périgueux, Fanlac, 1989.
Penaud, Guy, *Histoire de la Résistance en Périgord*, Périgueux, Fanlac, 1985.
Penaud, Guy, *Dictionnaire biographique du Périgord*, Périgueux, Fanlac, 1999.
Peyronnet, E., *Les anciennes forges de la région du Périgord*, Bordeaux, 1958.
Pijassou, René, *Regard sur la Révolution agricole en Dordogne*, Centre d'études et d'Informations économiques et sociales, cahier 2, Périgueux, 1967.
Pommarède, Pierre, *La séparation de l'Église et de l'État en Périgord*, Périgueux, Fanlac, 1976.
Reviriego, Bernard, *Les juifs en Dordogne, 1939-1944, de l'accueil à la persécution,* Fanlac, Archives départementales de la Dordogne, Périgueux, 2003
Rocal, Georges, *1848 en Dordogne*, Paris, Occitania, 1933.
Rocal, Georges, *De Brumaire à Waterloo en Périgord*, Paris, Floury, 1942.
Rocal, Georges, *La Révolution de 1830 en Dordogne*, Parios, C. Seignol, 1936.
Rocal, Georges, *La seconde Restauration en Périgord*, Angoulême, Coquemard, 1956.

Truel, Thierry, *Les gaullistes (U.N.R. ; U.D.T.) en Dordogne de 1959 à 1981.* TER, 1993 ; BH ; BSH-Université de Bordeaux-III DC 321.

Truel, Thierry, *Contribution à l'histoire des forces conservatrices en Dordogne : Bonapartistes et Royalistes contre la République (1870 – 1914),* D.E.A., 1999 (Direction : Bernard Lachaise), Université de Bordeaux-III CAMMC.

Venant, Marion, *mai 1968 en Périgord : crise sociale ou crise politique*, T.E.R, 2002, 2 volumes (Direction Bernard Lachaise), Université de Bordeaux-III CAMMC.

Villepelet, R., *Notes et documents statistiques sur l'industrie du Périgord au* XVIIIe *siècle et pendant les premières années du* XIXe *siècle*, in Bulletin de la Société Historique et archéologique du Périgord, Périgueux, 1903.

Villepelet, R., *La formation du département de la Dordogne*, Périgueux, imprimerie Joucla, 1908.

# Index

# Table des matières

3ᴱ PARTIE

## DU POUVOIR DU COMTE À CELUI DU ROI



4ᴱ PARTIE

## LES TEMPS MODERNES OU L'EMPRISE DE LA MONARCHIE